U0907513

中华工商联合出版社

图书在版编目（CIP）数据

沟通的艺术 / 陈建伟著. -- 北京 : 中华工商联合出版社，2017.2

ISBN 978-7-5158-1901-3

Ⅰ. ①沟… Ⅱ. ①陈… Ⅲ. ①心理交往－通俗读物 Ⅳ. ①C912.1-49

中国版本图书馆CIP数据核字(2017)第002543号

沟通的艺术

作　　者：陈建伟
策划编辑：胡小英
责任编辑：李　健　邵桃炜
装帧设计：润和佳艺
责任审读：李　征
责任印制：迈致红
出版发行：中华工商联合出版社有限责任公司
印　　刷：大厂回族自治县彩虹印刷有限公司
版　　次：2017年4月第1版
印　　次：2019年4月第5次印刷
开　　本：710×1000mm　1/16
字　　数：232千字
印　　张：14.5
书　　号：ISBN 978-7-5158-1901-3
定　　价：35.00元

服务热线：010-58301130
销售热线：010-58302813
地址邮编：北京市西城区西环广场A座
19-20层，100044
http://www.chgslcbs.cn
E-mail：cicap1202@sina.com（营销中心）
E-mail：gslzbs@sina.com（总编室）

美国石油大王洛克菲勒说："假如人际沟通能力也是同糖或者咖啡一样的商品的话，我愿意付出比太阳底下任何东西都珍贵的价格来购买这种能力。"可见，沟通有多么重要！

的确是这样。如果你能够高效沟通，你就能交上朋友维系友谊，工作中令人刮目相看，能够得到孩子的尊敬和信任，获得家庭的和谐与美满……但如果不善于沟通，你会发现自己的生活充满了很多麻烦：工作或许不错，但家人总是在你的耳边吵吵嚷嚷；你和你的朋友相处得很好，但你的工作却屡屡碰壁……

事实上，很多人都知道有效沟通能够使人出类拔萃，但让人苦恼的是，怎么才能学会有效甚至高效沟通呢？

在这本书里，不仅介绍了沟通的基本知识，还将沟通的准备（包括创造安全的氛围和自我调整）、沟通的过程（发出信息、接收信息、反馈信息）、肢体语言，乃至沟通的结果以及如何将沟通的结果转化为行动等都进行了详尽的讲述，其中还穿插了典型的沟通实例，既生动有趣又便于理解。在最后一章，还与你的生活切实联系起来，教你如何与身边的人进行良好的沟通，这是改变你生活的开始。

当然，你绝不能指望草草翻阅一下本书就能够成为一个口齿伶俐、魅力十足的健谈者。这如同你做任何工作一样，需要边干边学，试着将一个个小技巧慢慢运用到你的沟通实践中。当你真正理解了书中的各种沟通方法和技巧，并能够将它们一一运用起来时，你会发现你说的话越来越有分量，至少你不会再为沟通这件事犯愁。

尽管这本书倾注了作者大量的心血，但也难免会出现一些纰漏，再加上每个人所面对的沟通情景总是会有细微的差别，所以在试图从本书中寻找高效的沟通秘诀时，请抱着包容的心态和灵活掌握的态度。真心希望这本书能够给你的生活带来积极的作用。

目录
Contents

第四章 发出正确的信息

第五章 准确接收

第六章 恰当的反馈

第七章 几个棘手的问题

第八章 非语言沟通

第九章 从观点到行动

第十章 改变你的生活

立竿见影的谈话、倾听、行动技巧

一句话打入对方内心，让一切尽在掌握之中

第一章 关于沟通

什么是沟通

事实上，我们每天都在有意或无意地与他人进行着沟通。尽管你可能根本不知道什么是沟通，但每天依然要花费50%～75%的时间在沟通上。

在这之前或许你早就知道沟通对于生活有多么重要了。没错，沟通在我们生活的所有领域里都是至关重要的，我们把它用于劝说、影响关系、通知，以及发现、分享和披露信息上。比如，你希望一位朋友陪你参加舞会，或者你需要更多的朋友和你谈心，也或者你想要某人成为你的忠实拥护者……这些都需要有效的沟通。

但结果可能并不总是像你希望的那样有效，因为很多时候沟通并没有发挥出预期的作用，我们最终还是以沮丧结束。这并不是沟通本身的错，而是我们没有听从指导而迷路了。所以，我们要想让沟通发挥作用，就要先了解沟通。

如果你打开一些书，或是到网页上查询，就会得到类似于“沟通是人与人之间、人与群体之间为了思想达成一致和感情的通畅进行的思想与感情的传递和反馈的过程”的答案。其实，这句话简而言之就是“沟通是过程”。这个过程既包含口头语言和书面语言，还包含形体语言、个人的习惯和方式、物质环境，以及任何赋予信息含义的东西。

为了能够更加明确“沟通是过程”，我们可以来看看卡恩和雷尔的这次交流。

卡恩和雷尔是高中时的同学，但自从12年前高中毕业后两人再没有见过面。

在一个晴朗的周末，他们各自带着孩子在公园里相遇了。

首先，两个人在确认了对方是高中同学后都表现出了莫大的惊讶。这时，他们不自觉地相互观察，并开始形成某种印象。卡恩注意到雷尔面容清瘦而整洁，但他的衣服似乎并不高档；雷尔注意到卡恩身上的背包，并一眼就认出那是很有名气的牌子，自己也到商店看过，但由于太贵放弃了。

接着，两人从开始的惊讶之中慢慢恢复过来，开始聊起各自高中以来的经历。他们在相互寒暄了几句之后，开始谈论起各自的工作。这在男人之中是最普通的话题，也是男人们相互评价的方式。雷尔说他现在是一家便利店的经理，而卡恩说他是一家知名企业的技术总监。虽然两人的谈话不过是共享信息，但在男人之间也是一种无形的竞争，取胜的方法就是表明自己拥有更高的职位。毫无疑问，卡恩赢了，因为技术总监的地位似乎更高。此外，卡恩还有名牌包，这也使得他又增加了分数。而可怜的雷尔，到目前还没有什么引以为豪的事呢。

然后，因为他们都带着孩子，所以又谈到了各自的家庭。雷尔说他与高中时的班花结了婚，而卡恩当时也很喜欢这个和善漂亮的女孩子。但卡恩不仅没有娶到当年的班花，还在一年前离了婚，现在他每两周才有一次对孩子的探视权。在这一点上，雷尔的分数显然更高。他们谈了一会儿后，各自带着孩子回家，说日后有机会一定要再聚聚，但他们都很清楚这样的概率几乎为零，因为他们连彼此的联系方式都没有留下。

通过卡恩和雷尔之间的这次谈话，我们可以很明显地看到，这其中他们进行了各种形式的沟通，比如他们外表怎样、穿着怎样、拥有怎样的物品，他们还交谈了过去和现在，并且还在结束时说期待下次见面。这个过程是动态的、变化的，他们从外表的不经意的印象开始，谈及各自的过去、家庭和现在所做的事情时，谈话就更加深入了。而在谈话继续一会儿之后，在更深层次上，他们都明白要想成为朋友恐怕已经不可能了，因为他们之间有了很大的差距。

从这个案例就可以看出，沟通是一种过程。

良好的沟通有多重要

或许从你自己的亲身经历中，你早就体会出了不良沟通所带来的恶果，比如因为误解老板的意思把工作搞砸，或者你认为已经很清楚地告诉他人做事的方法，但最终他跑到了另一条道上……

《圣经》上说，人类的祖先最初都说同一种语言，日子过得很好，他们甚至还决定修一座通天的巨塔。大家沟通顺畅，心往一处想，劲儿往一处使，很快高高的塔顶就冲入云霄。上帝为此又惊又怒，觉得人们能修这样的巨塔还有什么办不成的呢，于是上帝让人世间有了多种语言，每种语言里又有方言，这样人们经常言语不通，沟通不良使得他们经常出现误会和错误，巨塔再也无法建造了。

这个规律绝不只是《圣经》里的故事，而是适用于每一个人。通过良好的沟通可以让你充分表现自己，展示自己的各个方面，让你发挥能力，如任务分配能力、组织能力、解决问题和获取信息的能力。当然，如果反过来，你不能很好地与他人沟通，那么你在工作上甚至生活中都会遇到意想不到的麻烦。

一场极具难度的对话正等着杰克。

他说："有一天晚上，我的朋友琳达打电话给我，说有紧急事件，她急需一份财务册子，且明天就要复印，她说她的绘图设计师不在，她的压力非常大。

"其实，我自己手头也正在忙着一个案子，但琳达是我的好朋友，所以我决定熬夜为她把册子赶出来。

“第二天一大早，我给琳达看了版面设计，她说可以复印。上午10点我就把印好的册子放到了她的办公桌上。

“我虽然累得够呛，但很高兴能够帮上忙。之后我回到办公室，却发现了琳达的语音留言，她说：

‘杰克，这次你真的搞砸了！我知道这次事件很急，但……唉，版面根本就没有弄好，而且看起来歪歪扭扭的。我只能说是一团糟！你知道，这个客户对我非常重要，我相信你一定能够立即帮我补救……’

“你可以想象，我当时是什么感受。那个图只有用显微镜才能看出有一点斜，所以，我立刻拨通了琳达的电话。”

接下来是两个人的对话：

杰克：“嗨，琳达，我听到你的留言了。”

琳达：“是的，杰克，一定要及时补救。”

杰克：“你先听我说，这个图的确不是百分之百的完美，但我已经标示得很清楚了，绝不会造成误解。”

琳达：“别这样说，杰克，这个东西真的没法拿出手，我想你也知道这一点。”

杰克：“可是……”

琳达：“这没什么好争论的，杰克，我们一起搞砸的，不是吗？现在只要把它重新弄好，大家不就没事了吗？”

杰克：“那今天一早你为什么不说？”

琳达：“哦，杰克，我又不是校稿员！而且我的压力很大，我必须要把这个做好，而且要百分之百做好。现在你只要说一句话，是一起做还是放下我不管？”

杰克：“……那好吧，我再做一下。”

很显然，这次沟通不太成功。好几个月过去了，杰克还是耿耿于怀，甚至有时还影响了他的工作，而他与琳达之间的关系也一直紧绷着。

可以假设一下，如果当时杰克能够完全清楚琳达的要求，或许他能够做得很好，而不至于把事情搞砸。而琳达如果没有责备杰克，或许他们依旧是要好的朋友。可是，他们都没有……

所以，只有有效的沟通才能使你充分表现自己，展示出自己的各个方面，并让你的生活总是在协调的步调之中。

表现为什么这么糟

有时候，我们明明知道事情很重要，但却莫名地退却了，或者说了一些让自己都感到咋舌的话……我们竟然表现得如此糟糕！

你可能不止一次地控制不了自己的情绪，把一场气氛不错的沟通弄得千疮百孔。事后，你恨不得撞墙，甚至过了半个月还在反问自己：干吗要那么说话呢？干吗要用那种表情呢？干吗要动手拍桌子呢？……当然，这些问题最终还是没有找到答案。仔细想来，发生这样的事也不能全怪自己，毕竟，这是有原因的。

第一个不配合的就是我们的身体构造

比如，当面对一场重要的沟通时，你提出了一个你认为周全无比的观点，但某人却不同意，甚至还把你的观点说得一文不值，这让你怒发冲冠。此时，你真的能够感觉到头发都竖了起来，这还不算，更难把握的是，你的肾上腺素在飙升。这一点你完全无法控制。当然，这还不算完，你的大脑开始对血液进行分流，但令人遗憾的是，它将更多的血液分配给了胳膊和大腿上的肌肉，而分配给大脑用来高级思维的血液却少得可怜。所以，在面对艰难沟通的时候，你可能又退化成了一样同属于灵长类的猴子，要么吱哇乱叫，要么挥动手臂……

压力让我们混乱不已

你一直都认同“沟通无处不在”的道理吧，没错，我们随时随地都处在沟通之中。许多时候，在我们还不知不觉的情况下，一场沟通就冒了出来。所以，我们常常会被迫临时处理一些复杂的情况，没有参考书，没有教练，甚至也没有任何心理准备。

而在面对这些棘手的问题时，你并不是无所事事，而是可能面对着一大堆其他的问题，或者还有两份资料需要准备，或者你的孩子正在发烧，或者刚刚受了朋友的奚落……这个时候你可能会说一些话或做一些事，当时自己感觉再恰当不过，但过后却会觉得愚蠢透顶。

其实，这并不奇怪，因为当时你的大脑正在同时处理着许多事情。

我们总是处在未知之中

在经过了几次毫无准备而失败的沟通后，你会对可能要发生的事情做一些准备。比如，你希望老板给你加薪，那么你也许已经在自己的头脑中演练了好几遍，甚至也准备了好几套方案来应对老板的不同态度。

如果他同意，你就真诚地说“谢谢”；

如果他勃然大怒，你就准备缓和地说明你的理由；

如果他说“等等看”，你就说“希望早一点得到答复”；

……

但是，有了这些充足的准备你就一定能够成功吗？未必！你仍然可能做得一团糟。因为训练并不一定能够产生完美的结果。

就像上面的例子，也许你刚说出了加薪的要求，老板还没来得及表态，秘书就进来说来了一个重要客户，你的老板说你的事情过两天再说。可就在这两天里，你的工作出现了大失误，于是，一连两个月你都没敢再提加薪的事儿。

这可怎么办呢？答案是——我们无能为力。由于我们总是处在未知之中，所以我们一直在做的就是将那些自以为最合适、最有效的字句拼凑在一起，装进半饥饿状态的大脑中，让它在资源不足的情况下处理事情，所以关键时刻我们常常表现得那么差劲还有什么不能理解的呢？

可怕的自我保护

不能否认，人的自我保护意识是一种本能。所以，我们才是自己最大的敌人，但可怕的是我们自己并不知道这一点，而它却已经在发挥着无限的魔力了。

特里和莉利娅是一对结婚五年的夫妻。莉利娅很能干，现在已经是公司里的骨干了，由于工作繁忙，她对特里的关心越来越少。虽然特里理解妻子，但他还是希望莉利娅能够多给他一些时间，于是特里给了莉利娅一些暗示，可惜莉利娅并没在意。

这让特里很有挫败感，于是特里的自我保护意识跳了出来，并告诉他说：闭嘴，别再说。当然，这样的结果不是特里想要的，于是，在莉利娅又一次加班很晚回来后，特里选择了具有讽刺意味的话来表示自己的愿望：

“呦，今天又做‘白骨精’了？难道你真想把世界上的钱全部都挣到手吗？真是个了不起的大人物啊！”

不幸的是，特里越是嘲讽，莉利娅就越不想和他在一起。所以，莉利娅和特里在一起的时间更少了，而特里变得更加不安，他的话语也越来越不中听，如此恶性循环下去……

实际上，是特里自己的行为导致了他最不想看到的结果，他陷入了一个自我防卫而且很不健康的无穷循环之中了。

那么，现在你还觉得自己糟糕的表现无法原谅吗？那不是我们的错。我们要做的是尽可能让这些糟糕的情况少一点出现。

掌握沟通的七大要素

"嗨，我说你怎么那么笨，连这点事都做不好……"

"哼，老子不干了。"

……

所以，你得知道自己该说什么，什么时候说，对谁说，怎么说……

虽然大多数人都认为沟通就是交流，但这种认识并不全面，或者可以肯定地说，如果你对沟通的认识仅仅限于这个层面，那么注定你的沟通会常常失败。事实上，良好的沟通离不开七大要素——信息源、信息、通道、目标靶、反馈、障碍以及背景。

信息源

人是社会性动物，总会有一些信息、思想或是情感想要和他人分享，这个想要与他人分享自己信息的人就是信息源，沟通的过程通常由他们发动，沟通的对象和沟通的目的也多由他们决定。例如，五岁的贝卡在幼儿园里被一个小朋友抓破了手，她感觉自己万分委屈，虽然老师已经极力安慰了她并批评了那个抓破她的孩子，可贝卡还是希望告诉妈妈。所以，贝卡一见到妈妈就开始讲述这段让她感到痛苦的经历。那么，现在五岁的贝卡就是信息源。

信息

信息主要指信息源试图传递给他人的观念和情感，在上面的例子中，贝卡想要告诉妈妈她的手被抓破的这件事以及她痛苦的感受就是信息。这些信息必须被转化为各种可以被别人觉察的信号才能发挥其作用，包括语词的和非语词的。贝卡的诉说就是语词信号，她一边掉眼泪一边扭动着身体，以及她抽泣的音调等就是非语词的。

通道

如果你有过煮面条的经历，那么沟通的通道就不难理解。比如，煮面条时，你可以在水开之后下面条，也可以把水烧热没开的时候下面条。结果虽然面条都能煮熟，但口感肯定不一样。

传递自己的信息也一样，需要某种方式，这个方式就是信息的通道。小贝卡就是通过面对面的沟通向妈妈传递了自己的经历和感受，事实上这也是人们最常用的通道。因为面对面的沟通除了具有语词或非语词本身的信号以外，沟通者的心理状态信息、背景信息以及及时地反馈信息等都更能够使顾听者的情绪被感染，从而产生好的沟通效果。

目标靶

你一定知道“有的放矢”和“无的放矢”这两个词吧，它们各自最后的效果你也一定清楚。沟通也一样，你的信息发出去得有一个“目的地”，就是说你说话得有人听，你把信息传递给谁，谁就是这次沟通的目标靶，简单说来就是信息的接收者。但沟通的目标靶与射击的目标靶并不一样，因为沟通的目标靶不是木头，而是一个人，他总是带有自己的经验、情感、观念，所以你发出的信息是否能够产生影响，并不完全取决于你或其他客观因素，还要取决于目标靶是否注意到了你的信息，并对其产生了知觉。

反馈

沟通是双向的，是交互作用的过程，沟通双方不断地将自己接收到的信息反馈给对方，使对方了解自己发送信息引起的作用，知道对方是否接收了信息，是否理解了信息，以及接收信息后的心理状态等，从而根据对方的反应调整自己的信息发送过程，以便达到预期的沟通目的。

比如，小贝卡在和妈妈诉说自己的手被抓破时，起先她语调平静，妈妈看伤口并不严重所以没有表现得十分惊讶和愤怒。于是，小贝卡把声音提高，同时还掉眼泪，妈妈看到小贝卡如此难过，反馈也发生了变化，把她抱在怀里，温柔地安慰她、爱抚她。面对妈妈这样的反馈，小贝卡很欣慰，哭了一会儿竟然在妈妈怀里睡着了。瞧，这就是反馈的作用，可以通过自己对对方信息的反应来改变对方的谈话方式和内容。

障碍

在沟通过程中，障碍可能会随时发生，从而导致你无法顺利地进行沟通。这种阻碍沟通的障碍大致有三种，即：外部障碍、内部障碍和语义障碍。

外部障碍来自于环境，你与同宿舍的人正推心置腹地交谈，可能被一大群在楼道里叫喊的人、一架轰鸣而过的飞机或是窗外的电锯声打断；或者你在炙热的太阳下与人交谈，使你感觉很不舒服从而无法集中精力；也或者你在郊外野餐，不幸坐到了一个蚂蚁堆上，而蚂蚁在你的毯子上乱爬，你的谈话也可能变得结巴起来。

内部障碍则发生在信息源与目标靶的头脑中，一旦他们的思想和情感集中在沟通意外的事情上，沟通就没有办法继续下去。这样的事情随处可见，你因为考虑午饭而没有听老板的命令，妻子因为要给孩子喂奶没听清丈夫说什么。当然，内部障碍也可能源于各自的信念或是偏见。比如，丽雅觉得有个男同事对她不怀好意，所以只要那个男同事看向她，她就白他一眼。

还有就是语义障碍，这是由人们对某类词语情感上的反应造成的，这些都会干扰全部或者部分信息的发出和接收。

背景

沟通背景主要指沟通发生的情境，既包括外部环境，也包括谈话的气氛。它是影响沟通过程的重要因素，在不同的沟通背景下，即便是完全相同的沟通信息，也有可能获得截然不同的沟通效果。比如，礼堂是演讲和表演的好地方，但对于交谈来说却并不理想；如果你和要好的朋友有私事交谈，那么最好是在一个舒适的屋子里，而不是食堂或大厅。

测测你的沟通能力

你可能很会说话，但这并不代表你很会沟通。每个人都有独特的与人沟通和交流的方式，如果你总是沟通不畅，这可能是因为你对自己根本就不了解。

为了能够有针对性地提高能力，你必须清楚自己现有的水平。通常情况下，一个有效的自我评定能够使你认识到自己的优势和劣势，然后，你就可以根据这个结果来制订提高计划了。

这个测验选择了生活中经常会遇到的难以应付的情境，测试你是否能正确地处理这些问题，从而反映你是否了解正确沟通的知识、概念和技能。当然，你要如实回答，否则这一评估结果就毫无参考价值。

1. 在说明自己的重要观点时别人却不想听你说，你会

A. 马上气愤地走开。

B. 你就不说了，但你可能会很生气。

C. 等等看还有没有说的机会。

D. 仔细分析对方不听自己的原因并找机会换一个方式去说。

2. 去参加老同学的婚礼回来你很高兴，而你的朋友对婚礼的情况很感兴趣，这时你会告诉她（他）

A. 详细述说从你进门到离开时所看到和感觉到的以及相关细节。

B. 说些自己认为重要的。

C. 朋友问什么就答什么。

D. 感觉很累了，没什么好说的。

3. 你正在主持一个重要的会议，而你的一个下属却在玩手机，并有声音干扰到会议现场，这时你会

A. 幽默地劝告下属不要玩手机。

B. 严厉地叫下属不要玩手机。

C. 装着没看见，任其发展。

D. 给那位下属难堪，让其下不了台。

4. 你正在跟老板汇报工作，你的助理急匆匆地跑过来说有你的一个重要客户的长途电话，这时你会

A. 说你在开会，稍候再回电话过去。

B. 向老板请示后去接电话。

C. 说你不在，叫助理问对方有什么事。

D. 不向老板请示，直接跑去接电话。

5. 去与一个重要的客人见面，你会

A. 像平时一样随便穿着。

B. 只要穿得不要太糟就可以了。

C. 换一件自己认为很合适的衣服。

D. 精心打扮一下。

6. 你的一位下属已经连续两天下午请了事假，第三天上午快下班的时候他又拿着请假条过来说下午要请事假，这时你会

A. 详细询问对方因何要请假，视原因而定。

B. 告诉他今天下午有一个重要的会议，不能请假。

C. 你很生气，什么都没说就批准了他的请假。

D. 你很生气，不理会他也不批假。

7. 你刚应聘到一家公司就任部门经理，上班不久你了解到本来公司中就有几个同事想就任你的职位，老板不同意才招了你。对这几位同事，你会

A. 主动认识他们，了解他们的长处，争取成为朋友。

B. 不理会这个问题，努力做好自己的工作。

C. 暗中打听他们，了解他们是否具有与你进行竞争的实力。

D. 暗中打听他们，并找机会为难他们。

8. **与不同身份的人讲话，你会**

A. 对身份低的人，你总是漫不经心地说。

B. 对身份高的人说话，你总是有点紧张。

C. 在不同的场合你会用不同的态度与之讲话。

D. 不管是什么场合，你都是一样的态度与之讲话。

9. **你在听别人讲话时，你总是会**

A. 对别人的讲话表示兴趣并记住所讲的要点。

B. 请对方说出问题的重点。

C. 对方老是讲些没必要的话时，你会立即打断他。

D. 对方不知所云时你很烦躁，就去想或做别的事。

10. **在与人沟通前你认为比较重要的是应该了解对方的**

A. 经济状况、社会地位。

B. 个人修养、能力水平。

C. 个人习惯、家庭背景。

D. 价值观念、心理特征。

评分方法：

题号为1、5、8、10者选A得1分、B得2分、C得3分、D得4分，其余题号选A得4分、B得3分、C得2分、D得1分，将十道测验题的得分加起来就是你的总分。

结果分析：

总分为11～20分：因为你经常不能很好地表达自己的思想和情感，所以你也经常不被别人所了解，许多事情本来是可以很好解决的，正是你采取了不适合的方式，所以有时，把事情弄得越来越糟，你需要严格地训练自己以提升沟通技能。只要你学会控制好自己的情绪、改掉一些不良的习惯，你随时可能获得他人的理解和支持。

总分为21～30分：你懂得一定的社交礼仪，尊重他人，你能通过控制自己的情绪来表达自己，并能实现一定的沟通效果，但是有较多地方需要提高，你缺乏高超的沟通技巧和积极的主动性，许多事情只要你继续努力一点你就可以大功告成。

总分为31～40分：你很稳重，是控制自己情绪的高手，所以他人一般不会轻易地知道你的底细，你能不动声色地表达自己，有很高的沟通技巧和人际交往能力，只要你能明确意识到自己性格的不足并努力优化便能取得更好的成果。但要记住，沟通艺术无止境。

如果你的分数偏低，不妨仔细检查一下你所选择的处理方式会给对方带来什么样的感受，或会使自己处于什么样的境地……

第二章 从我做起

假设不能从自己开始

如果他愿意改变的话，我们就能过着幸福快乐的日子了；如果他没有把事情搞砸，我们就不用受这个罪了；要不是他挑起事端，怎么会弄到这个地步……

实际上，良好沟通的第一定律就是从自己开始，如果你还没有调整好自己，就很难把对话进行好。当沟通进入到关键阶段时，你就会不由自主地去寻求你习惯的模式——争吵、冷战、控制等。

两个小姑娘和爸爸在游乐场玩了整整一个上午，回到她们的旅馆房间，两人快速冲进了厕所。孩子们都喝了不少水，所以现在她们都快憋不住了。

但马桶只有一个，必须得有一个人做出让步，两个小女孩之间很快就爆发了战争。“事态紧急”的两个孩子开始在狭小的卫生间里大吵起来，甚至发展到互相推搡和叫骂。

几分钟后，姐姐把爸爸拉了进来。

“爸爸，是我先进来的！”

“我知道，但是我比你着急！”

“你怎么知道比我急？你又不是我的膀胱。今天出门之前我就没有小便！”

“你是个自私鬼！”

……

爸爸的到来并没有给问题带来转机，因为爸爸根本就没管，他说："孩子们，很抱歉，我不能帮你们解决这个问题。你们可以在卫生间里自己决定谁先用谁后用，但是不准打架。"

于是，两个坐卧不安的小女孩开始了她们之间的沟通。她们的爸爸在外面看了一下表，因为他想知道两个孩子到底需要多长时间才可以沟通好。时间一分一秒地过去，他在外面没有听到激烈的争吵，但能听到她们在彼此嘲讽。20分钟后，终于传来了第一次冲水的声音，接着一个孩子走了出来。一分钟后，第二次冲水的声音也响了，另一个孩子也走了出来。

看到两个孩子出来，爸爸问道："嗨，两个小鬼，你们知道在你们相互争论的这二十多分钟里，能够去多少次厕所吗？"

两个孩子显然没有想过这个问题，但她们很快就得出了答案。

"我们可以上很多次，可是这不能怨我，谁叫她那么不讲理呢？"

"她应该等我的，但她不仅不等我，还骂我……"

……

别以为这不过是个笑话，实际上我们和这两个孩子的行为常常没有什么分别。当面对失败的沟通时，我们大多数人都喜欢责备别人。仔细想一想，你是不是常常这么想：如果他愿意改变的话，我们就能过着幸福快乐的日子了；如果他没有把事情搞砸，我们就不用受这个罪了；要不是他挑起事端，怎么会弄到这个地步……

对于生活中的种种冲突和不快，我们常常觉得自己是个无辜的旁观者，但实际的情况是，事情的失败很难与我们毫无瓜葛，我们或多或少都有责任。

当然，不是所有的人都一味指责别人。那些懂得沟通的人就早已了解了这个基本事实，他们认为良好的沟通一定要"从我开始"，他们明白一个事实：虽然与自己沟通的人也需要改进，但是不论自己使出什么招数去激励、刺激，最终改变的其实只有我们自己。

所以，在面对一个失败的沟通时，别总是将火辣辣的目光盯在别人身上，要知道，和我们在过去十几年甚至几十年一起工作或生活的人不会少于几千名，他们都需要某些改变，但这需要努力，你别指望有什么灵丹妙药让他们一下就改头换面了。相反，你需要好好看看你自己。

专注于你的目的

一个人不能骑两匹马，骑上这匹，就会丢掉那匹。聪明的人会把分散精力的事情置之度外……

如果你问一问身边的朋友，有没有人话说着说着就不知道自己要说什么了，他们中十之八九都有过这样的经历。当然，你也一样有过。这就是我们现在要说的问题，假如你连自己沟通的目的都忘记了，那还有什么理由让沟通成功呢？

不过，事情没有绝对，对于沟通高手来说，即使在特殊情况下，他们还是能够专注于自己的目的。

格里是一家公司的总经理，在过去的半年时间里，他一直希望能够降低公司成本，为此他付出了很多汗水，但收效甚微。于是，他召集了公司的高层会议，希望大家能够群策群力，想一想为什么没能削减开支。

在会上，他用了将近一个小时的时间鼓励大家坦诚地说出自己的想法。接着，一位部门经理犹豫着站了起来，神色紧张地问格里他是否可以问一个让他不好说出口的问题，那感觉就如同他要给格里加上一条莫须有的罪名一样。这位战战兢兢的部门经理终于开口说：

“格里，这半年来，你一直让大家削减开销，可是……你自己就有两间办公室，而且，据说里面的家具都要十来万。我想很多人不配合，难道不是因为这个原因吗？”

格里一下子僵住了，他显然没有想到会有人揭自己的短。接下来会怎样呢？尴尬的格里一下子想到了很多：自己是节俭的倡导者，但却有人说自己铺张浪费；自己倡导坦诚，但此时有人借此攻击自己。

如果你是格里，你会怎么做呢？或许你会自作聪明地说：

“对不起，我觉得今天我们谈论的话题并不是我的新办公室。”

这样一来，你就结结实实地中弹了。因为你在试图为自己辩护，从而也摧毁了这次谈话中你一直强调的坦诚直率的做法。

还好，格里不是一般人，他没有愤怒地为自己辩护，尽管他刚才十分惊讶、尴尬，甚至有点沮丧和愤怒，但他很快做了个深呼吸，并问了自己几个问题——我在这儿到底想要干什么？是澄清自己吗？不是。是要首先维护自己的形象吗？不是。我的目的是什么？是让这里的每一位都能支持削减开支，并带动更多的人参与进来。于是，格里说道：

“非常高兴你能够提出这个事情，这给了我一个机会来和大家讨论这究竟是怎么回事。”

接下来，格里首先告诉大家，第二间办公室不是他一个人的，而是有80%的位置都在供市场部的人使用，至于办公室里的家具，他很诚恳地说自己确实不知道花费了多少，所以他在散会后会马上派人核查……

毫无疑问，在格里这样坦诚的态度下，会议进行得很顺利，大家畅所欲言，提出了很多好的建议。

格里始终没有忘记自己此次沟通的目的，他没有被他人横冲过来的令他感到不舒服的话语而扰乱。

当然，如果你也想成为一个像格里这样的了不起的人物也得学着控制自己，让自己所有的沟通方式（包括语言、肢体动作、面部表情、心理活动等）都运行在正常的轨道上。要做到这一点，你就要学会从沟通中跳出来，尤其是在遇到类似格里的遭遇时，你要能像个旁观者一样观察自己。问自己：

我在做什么？我这样做的目的是什么？

一旦你发现自己心里的渴望已经偏离了你最初的目的时，就可以清楚地辨认出自己的盲点并摆脱它的控制了。这时，你就能够告诉自己：

我其实是想找一个我们都喜欢的度假地，而不是一定要战胜她。

我的目的是让他知道我有多爱他，而不是炫耀我的口才多么好。

我希望的是老板能够知道我的努力，而不是责备老板不通人情。

你可能会问，这样的问句真的有那么大的作用吗？答案是绝对有。首先，在你问自己这个问题的时候，可以帮助你找到自己的“北斗星”，因为我们总是会遇到许多因素诱导我们偏离原来的方向，比如有人故意要挑起争吵，或者我们一直养成的争强好胜的习惯等，但当你这样问自己时，你的“北斗星”就会把你重新带回到原来的目标上。另外，这个问题还可以让你的生理功能受到一些影响：当你给自己的大脑一个复杂的、抽象的问题时，大脑就会做出自动反应，告诉你它只是在处理复杂的问题，而不是身体上的威胁；同时，更多的血液被调动到大脑帮助思考，而不是来到胳膊或大腿的肌肉上，这样就避免了打架的状况。

但如果要想始终专注于自己的目的，只有这些或许还显得有些空泛，你更需要知道到底哪些因素才是转移我们目标的元凶，这样当你遇到它们时才能够在第一时间给自己打预防针，告诫自己不要上它们的当。

一是求胜心理。

我们总是试图击败和我们有不同意见的人。于是，一场沟通很容易就成了一场争论。如果你觉得这个说法不可靠，那就想一想那两个为上厕所而争吵的孩子吧，一心求胜使得她们忘了自己是要上厕所，结果让自己的身体陷入更大的痛苦都在所不惜。

二是总是想报复。

很多时候，我们并不是这样想的，但怒发冲冠的一刻，我们就可能不再满足于“求胜”了，我们会不自觉或无意识地认为“伤害对方”能让我们得到更多的满足。你也许会觉得这种说法不可靠，那么你可以想象一下，如果你是格里，当那位部门经理当着众多下属让你下不来台时，你会不会想：

哼，我一心让大家坦诚交流，这个家伙却拿我开刀，真是该好好教训教训他。

接下来你就可能会说：

“真是没看出来，你还是个很敢说的家伙。你说得没错，不过这件事等下我和你单独谈谈。现在我们先来说说……”

结果，每个人都闭上了嘴，眼睛盯着地板。

事情会如此发展，最可能的原因还是我们在不断希望保持安全，因为我们对突然到来的冲突感到很不舒服，所以才选择了那些会让结果不怎么样的话语来试图消灭那些让自己不舒服的“可能性”。

如果你真正了解了我们的心理会有怎样的潜意识的思想，就可以在遇到突发的“不舒服”时提醒自己，不要被它们左右，而是要始终关注自己的目的。

拒绝"非A则B"的简单选择

"妈妈，我不想起床，还想再睡会儿。"

"不行，没时间了。"

"不嘛，就不起。"

"好，那我给你两个选择：

A. 快点起来，我送你去幼儿园　B. 你自己在家……"

如果你已经为人父或为人母，或者你的身边有小孩子的话，就一定没少接触这种"非A则B"的游戏。比如，早晨起来，已经七点了，但孩子还是赖在床上不肯起来。于是，你走到他跟前，对他说：

"我上班快迟到了，你要么快点起床我送你去幼儿园，要么我把你自己锁在屋里，饿上一天。"

这种情况下，孩子通常都会乖乖地起床，因为他似乎别无选择。这样的结果并不是孩子想要的，但他通常都会选择一个。你可能也为此不止一次地偷偷笑过，或者你会觉得孩子的想法总是那么简单。事实上，这样的傻事并不只有孩子才会做，你也可能做过，而且还不止一次两次。

梅拉已经年过六旬，在62年中教了30年的物理，他一直认为自己是学校里辈分最高的学者，乃至政治家。所以，对于学校的一切事物，他认为自己有必要提出合理化建议，但实际的情况是，他虽然教了30年的课，但对教课之外的事情处理得并不怎么样。只有他自己对此一无所知。

上周，新学期的安排下发到每位教师手里，并通知大家举行一次有关课程安排的讨论会。会上，这位老教师情绪激动地指出了课程表的无数条算不上毛病的毛病，其他人或是耸耸肩，或是无奈地笑笑。此时，新来的英语教师尼曼站了起来，说：

“梅拉，您这么说是什么意思？难道课程的安排您没有责任吗？您把它说得这么一文不值，就是在贬低大家的智慧！”

“什么？你竟然这么说?!”

……

可以想见，一场战争就此爆发了。事后，有人问过尼曼，当时为什么要指出梅拉的不是。尼曼的回答是：

“我知道当时大家有多么的惊讶，但是我相信，我是唯一一个敢说出真相的人。如果我不说，那么就不会有人真的站出来告诉他，他有多么差劲，他也就会继续在很多问题上乱搭腔！”

听听，这是多么充分的理由！好像如果尼曼不说，这事情就没有解决的可能。此时的尼曼就觉得自己面临的选择是：要么和其他人一样，在心里嘀咕或嘲笑，任由这个老家伙在各种问题上胡乱搅和；要么挺身而出，直截了当告诉这个人他不能这么做，从而让学校的工作更加顺利。相比较而言，尼曼觉得自己更应该像个英雄一样毫不畏惧。

这种“非A则B”的简单选择不但常常会让我们坚持某种无效的甚至适得其反的策略，并为自己的攻击或是退却行为进行辩护。

其实，这是一种可怕的二分法思维方式。做出这种选择的人从来不想还会有第三种选择——一种不会带来不良后果的选择，比如一种既保持了自己的诚实和正直，同时也包含足够的尊重的方法。但习惯于“非A则B”的人，不仅会用二分法来想问题，还会为自己辩护：

“我也觉得很抱歉，但我是诚实的人，我必须制止那个家伙在会上胡说八道。这样当然不太好，但我想这么做是唯一正确的方法。”

总之，这种方法不但无益，反而有害。那么，我们怎样才能打破这种令我们陷入有害行为的错误逻辑呢？

答案很简单，就是寻求两全其美的第三种方法，来突破“非A则B”的错误逻辑。当你发现自己即将陷入这个错误逻辑时，不妨给自己提出一个更难的问题，就是将A和B放到一起，让它们同时存在。然后，你可以分步完成。

再次关注自己想要的东西！

如果你能够很清醒地知道自己到底想要什么，自己的最终目的是什么，就可以帮助你冷静下来，认真思考自己现在的行为是否有益。

明确自己最害怕的事情！

这一点是建立A与B同时存在的关键。

“我不想要那种情绪激动的毫无意义的谈话，这样对我毫无用处，还可能使事情更糟。”

“我如果一定要坚持我的诚实，那么可能会让他难堪，日后我们可能再也没有沟通的机会了。”

当你看到了你的错误逻辑所导致的错误结果后，你就会自然而然地放弃它。

把两个问题放到一起！

现在，你知道自己想要什么，害怕什么，那就要将这两个方面放到一起来考虑，这将会推动你去寻找比沉默或是爆发都更有创造性，也更有价值的第三个选择。

“我或许可以真诚且坦诚地和梅拉交谈一下，让他不要对任何事情都不加思考地随便发言。”

“我如果放慢我的语速，降低我的声调，孩子可能会更愿意与我交流。”

一旦你摆脱了“非A则B”的简单选择，尝试用A、B同时存在的逻辑来思考时，就会发现原来事情并不是自己想象的那样，无论什么时候都不会陷入毫无选择的沟通绝境，在A和B之外，总会有C存在。

或许有一种方法可以告诉我的同事，不要什么事情都找我帮忙，而又不至于伤害或者冒犯他。

或许有一种方法可以与我的邻居谈论一下，让他们晚上吵闹的声音小一些，又不会让我们反目。

或许有一种方法可以告诉我的爱人不要乱花钱，当然前提是不至于引起争吵。

……

你必须给予

你对别人无礼，别人就会对你无礼；
你对别人尊重，别人就会对你尊重；
你体谅别人，别人就会体谅你；
……

“种瓜得瓜，种豆得豆”，“行为孕育行为”，这些话你可能都非常熟悉，但是你真的明白它们的含义吗？几乎所有的人都有过这样的经历，就是在我们得到意外的好处时，又惊又喜，并且这种快乐的情绪也会带动你身边的人跟着开心起来。但不幸的是，很多人也有过相反的经历，当我们遭受到不公平或是不礼貌的待遇时，沮丧和愤怒的情绪使得他人也不好过。

总之，我们的行为也在某种程度上影响着他人。当然，相反的情况也一样会发生。你是不是也有过“以德报怨”的经历呢？比如，起初对方是一种不太友好，甚至恶劣的态度，但你没有被他影响，而是继续以微笑和友善与其沟通，结果对方也逐渐变得友好了。

这就是心理学中著名的“互惠关系定律”——你对我友善，我对你也友善；如果你对我不友善，我尽量对你友善。

我们可以看看发生在得志身上的事。

这是一个多雨的夏季，得志闷闷不乐地坐在树下，独自嘟哝着：“这潮湿的鬼天气，真是令人讨厌，一连半个月什么也做不了，无聊透顶。”这时，得志的小儿子跑过来，想让得志帮忙修理他的小汽车，得志没好气地说：“还不到一个礼拜就把车轮子弄掉了，以后再也别想要了。”

儿子听到得志的话，气鼓鼓地甩了一句：“坏爸爸，我又不是故意弄坏的，哼！”

接着，得志的妻子微笑着过来：“得志，你这是怎么了？下雨之前，你一直都在抱怨旅游者的吵闹让你睡不安稳。现在你看，多么清静，我们身边都是郁郁葱葱的植物，没有任何喧闹，我想你应该祈祷雨下得再大一点，然后躺在床上舒舒服服地睡个够！”

得志看着笑容满面的妻子，觉得心情舒畅了许多，然后，他起身帮儿子修好了那辆坏掉的玩具车。

在这个事例中，有两个方面：一是得志以恶劣的态度对待他的孩子，结果孩子也变得气鼓鼓的；还有另一方面，就是得志的妻子用自己微笑的表情、友善的语气，让得志变得高兴了起来。

所以，我们要做的方法就是“我们想要别人如何对待我们，那么我们首先要以这种方式对待他们”。运用心理学互惠关系法则，知道交流并影响效果，你将更深刻地体会到“种瓜得瓜，种豆得豆”的意义。当然，实际上有些事并不是说的这样简单，或许某些时候并不奏效，但不管怎样，这样做远比不这样做的效果要好得多。

这种理论其实在每个人的心里都很清晰，但在实际的沟通中往往不能很好地运用。因为人并不是天生的卑鄙、无礼、粗野，或是天生的礼貌、友善、乐于助人，所以，我们的行为常常会受到其他因素的控制。比如：我们对处境的控制能力，还有我们的思维方式，这些都将使我们不自觉地选择我们的行为，即种瓜或种豆，然后孕育出相应的他人的行为，即得瓜或得豆。所以，我们有必要说说这两点。

你可能经常听到某人说“他简直气死我了”，或者你自己也常常会说这样的话。但真有这种事吗？真的有人能够让我们如此气愤吗？

未必！

对有些人来说，万里晴空自然是再好不过，但狂风暴雨对他们来说也无所谓，因为他们有自己的晴雨表，他们总是能够积极地寻找光明的一面，并使自己保持积极向上的心态。这便是处境控制能力。谁能做到，谁就能控制自己的思想和行为，甚至还能影响他人。比如，刚才说的得志的妻子。这样的人一般都有这样几个特质：能够在不恭敬中培育恭敬，能够在不友好中孕育友好，能够在不重视中产生重视。

不能很好地控制处境，就会受到他人情绪或行为的影响，从而让别人的行为决定了自己是快乐还是悲伤。如同得志的儿子，这可能是因为他还小，但道理是一样的，他没能控制处境，所以得志的烦躁让他自己也“气鼓鼓”的。

如果你认同了上面的说法，那么你还要认识另一种说法：如果别人影响了我们的行为，那一定是我们自愿的。因为在面对任何一种处境时，我们都有两种选择，一种是听任某人的行为让我们变得无比气愤，一种是承认他们的行为的确令人气愤，但不会影响自己的正常工作和生活。显然，后者是最有利的处境。如果你有幸能够做到后面的一种，那么你永远都不会说“他简直要把我气疯了”之类的话了。

总之，“种瓜得瓜，种豆得豆”，或者说“行为孕育行为”，我们有必要学会控制自己的行为，要懂得在沟通中必须付出友善、微笑和真诚，才能对交流的结果产生正面的影响。

做个出色的演员

子女、父母、配偶，或者经理、下属、甲方、乙方……是的，我们每天都需要扮演很多种角色，但有趣的是，我们总是不自觉地只对其中的一两种角色特别专注。

你一定听说过英国维多利亚女王的故事吧，这的确是一个家喻户晓的有趣的故事，或许你以前读它的时候，只是哈哈一笑，但现在让我们再来读一遍，或许会有新的发现。

有一次，维多利亚女王与丈夫由于一件事情发生了分歧，最后两个人竟然吵了起来，谁也不肯服输。但一通争执之后，女王依然不依不饶，丈夫无奈又气愤地独自回到卧室里，将门反锁。

气冲冲的女王当时根本没把丈夫的行为看在眼里，还骄傲地认为自己已经胜出。但是，天很快就黑了，她需要回到卧室休息，直到此时她才发觉自己进不去了，于是她“砰砰砰”地敲门。

丈夫听到敲门声，在里边问道：“是谁在敲门？”

“是维多利亚女王。”女王傲气十足地回答。她本以为丈夫会马上给她开门，但里边既不开门，也没有声息。她站了一会儿，只好再次敲门。

丈夫又问：“是谁在敲门？”

“维多利亚。”这次女王的语气显得平和了一些，并换了一种称呼。但仍然没有人过来开门，同样也没有动静。女王无奈，只得再次轻声敲门。

丈夫再问："是谁在敲门？"

这一次，女王终于学乖了，她知道自己的回答多么不逊，于是这次她柔声地回答："是你的妻子。"

三秒钟不到，门开了。

现在再读一遍这个故事有没有什么新的发现呢？或许你已经看到了，这就是角色的转换。没错，就是这个问题。虽然不是所有人都能拥有维多利亚那么有意思的角色，但我们的角色也不少。比如，你是父母的子女，是子女的父母，是爱人的配偶……而在公司里，你是老板的员工，又是手下的领导，你是客户的"乙方"，同时又是供应商的"甲方"……光看这些角色都让人觉得很难，也难怪我们总是盼着双休日或是休假呢，因为至少在那几天里我们可以少扮演几种角色。

但"不幸"的是，我们没有那么多的假期，我们必须每天都要扮演着各种角色，但要想让每个角色都扮演得很好也实在不容易，特别是在沟通中。因为不同的人在沟通之中总是会对我们的角色有不同的期望，如果我们放纵自己，不在乎别人，那么我们就无法进入这个角色，或是把几个角色混为一谈，结果当然是人际互动和沟通的失败。

如果只有一种角色，大多数人都能够扮演得很好，角色扮演上的失败常常是由于我们无法及时从前一种角色上转换过来。毕竟，很多人无法在瞬间就切换成另一张崭新的面孔，我们总是需要一定时间的过渡期和适应期。如果这个时期较短，那么对沟通的影响就会较小，反之，就会让沟通出现补偿。有趣的是，虽然我们每天都需要扮演那么多角色，却总是不自觉地对其中的一两种角色特别专注。比如雷诺就是这样。

雷诺是一家公司的软件工程师，他将一天中能看到太阳的时间都奉献给了工作，所以职场上的角色顺理成章地成为他生命中的主要部分。如果你了解软件行业，就会知道软件工程师非常辛苦。所以，雷诺也常常是带着一身的疲惫回家。我们现在来说说其中一天发生的事情。

雷诺回到家里仍旧一脸疲惫，工作压力还牢牢地压在他的身上。而这天，妻子的身体和心情都很不舒服，为此，她没有准备晚饭。这让雷诺很不高兴，他当时并没有考虑到这一刻他并不是公司的员工，而应该是妻子的丈夫这件事。于是，他抱怨地说：

“这么晚了还没做饭？我工作一天有多累你知道吗？你以为软件工程师就是坐在电脑前发傻吗……”

一连串的质问让妻子难受极了，泪水啪嗒啪嗒掉下来。妻子的想法是：

“你就知道工作，作为丈夫，你为什么不关心一下我的身体，我这么不舒服，难道你都看不出来？”

我们知道，雷诺绝对不是故意要与妻子闹别扭，他只是在不经意之间忽略了当前他需要扮演的角色，而更专注于他“软件工程师”的角色而已。另一方面，我们又总是习惯以自我为中心，而对他人不感兴趣，所以我们有时候不会特别考虑他人的感受。在只关心自己的情况下，我们就会任凭自己的情绪“为非作歹”。这一点在婴儿身上体现得最为彻底，对于小宝贝来说，整个世界只有他自己，如果得不到满足就会大哭大闹，他完全不在乎别人的看法，直到他的需求得到满足为止。而此后上学，孩子开始学习遵守纪律，学习尊重他人，但这种意识并不牢固，以自我为中心的意识依旧是“野火烧不尽，春风吹又生”。

你可能有些不相信，觉得自己现在已经是一个非常重视他人的人了，你觉得自己都能站在别人的角度考虑问题，也就是说，你觉得自己的角色转换相当成功。但事实真是这样吗？恐怕未必。请你仔细回忆一下你在接受一项任务时的思想活动，你一定会先设想自己如何才能完成任务，你会想到他人应如何配合你、协助你，但可以肯定的是，你很少先想到对方的工作程序。这样，当你与相关部门进行沟通时，就会出现麻烦，对方可能会说：

“抱歉，我手头还有很多事情，我不能帮你这个忙。”

这几乎是必然的，如果我们只关心自己的安排和与自己有关的事情，那么我们的角色意识就模糊了，担负起新角色和沟通责任的警觉性就会降低，而接下来要发生的事就是你与别人的沟通会出现问题。

当然，如果没猜错的话，你肯定会有一点抱怨，因为人人都想要活得轻松一点，而完美的角色转换就意味着承担责任、付出辛苦，以及困难和压力等。一想到为了能够良好沟通，需要付出这么多，你可能就要开始感叹：沟通怎么这么难！是的，沟通不只是上嘴唇碰下嘴唇那么简单，虽然我们总是希望一切都能随心所欲，但这只是理想状态，如果你不采取任何行动，那么理想就只能是幻影。只有当你有意识地演好自己的角色，才能真正领会到沟通的深意，你的沟通才能真正达到随心所欲的理想状态。

11种致命的沟通过失

“天啊，你简直笨得像头猪！我怎么没发现天底下还有这么笨的人！”

“喂，把水倒了，然后赶快去做饭！”

“我可不知道，不要问我这个问题……”

想想吧，对于这样的话，你感觉怎么样呢？

大家都还记得上学的时候吧，那时候在学习上总会不时犯一些错误，比如粗心，或者注意力不集中，或者字写得像“蜘蛛爬”。这样的错误带来的结果就是考试失败，做题出错，或作业被要求重写。

沟通也是一样，我们总会发现有些人或者自己就是例子，在与他人沟通时，总是出现问题，有时话还没说彼此就觉得尴尬，有时刚一开口就吵了起来，有时费尽口舌却毫无作用……这时，你是怪对方是个不会沟通的人，还是想到了自己？如果你觉得是对方的错，那么可以很无情地说：你完蛋了，没有人能够与你进行有效沟通。但如果你觉得可能是自己有问题，那么很庆幸，你马上就要进步了。因为当你自己避免了一些沟通中的致命错误后，无论与谁，你都可以进行很好的至少是较为有效的沟通了。

现在我们就来看看这些沟通中的致命过失吧：

五种傲慢无礼的过失

你可能一直觉得自己是个绅士或者淑女，你认为自己从来都是文质彬彬、温文尔雅，绝没有对他人傲慢无礼过。但事实并不是你想象的那样，因为傲慢无礼并非一定要大打出手，或是恶语相向，很多时候也许只是你不经意的言谈就暗示了这个含义。

1. 评价。你可能根本想不到，评价也是其中一条。事实上，当我们对另一个人做出肯定或者否定的判断时，我们的真实意思是：在某种程度上，我比你“好”。尤其是当我们以一般的方式来评价别人时，比如，“你是个好人”，或者“你令我很失望”，虽然这样的评价似乎很清晰地表达你的观点和想法，但非常遗憾，这种评价是无益的。因为这种没有实质内容的评价会让接受者觉得他们被轻视了。

所以，如果你想要评价一个人，一定要避免一般性的泛泛而论，比如“你真不体贴人”，或者“如果你想去哪儿，你必须做出更多的承诺”。较好的做法是，在表扬或批评时要具体化，在没有说明原因前不要说你喜欢或是不喜欢，要保留事实而不是观点和解释。当然，如果你能够适当运用一些中性词汇以及你的身体语言、语音、语调来传递你对他人的看法，将会让接受者感觉更加舒服。

2. 安慰。傲慢的另一种表现方式是安慰，虽然这是我们表达同情和友善的惯用方法，但这种交谈其实毫无意义。比如你因为工作上的失误，从原来的部门经理被降为经理助理。这时，你的同事走过来说：

“没事，明天就会感觉好些了。”

“不要沮丧，每一块云都是一线希望，事情总会过去的。”

“我真替你感到难过。”

想想吧，你是不是觉得这种安慰简直有点轻蔑或心不在焉呢？

所以，既不要对别人空洞地赞扬，也不要空洞地贬斥。安慰也是一样，否则会显得你非常没有诚意。

3. 业余心理学家。在你所在的团队里，你可能没少听到这类评论：

“你还没有完全理解这个问题。”

“你出现这样的问题，是因为……”

“你可能是个具有妄想情结的人。”

“你应该从思想上认识到……”

你是否也认为这种标榜式的评论给人一种居高临下的感觉？没错，喜欢标榜的人总觉得自己能看到问题的深层面，然而他们常会使交流处于危险的境地，因为在他们的言论下，我们甚至不知道我们正确与否。

所以，我们要避免成为这样的业余心理学家，要能够清晰地陈述你所听到或看到的事实，要记住，仅仅是事实，不要随便添加任何解释和评论，尤其是那些看似很深奥的思想或是心理上的观点。

4. 讽刺挖苦。我们承认，从某种程度上说，讽刺和挖苦是文化生活的一部分。但同时我们还必须看到，讽刺是带有攻击性的，尽管有时你只是友善地嘲弄，但也可能会因此而使对方产生有害的情绪，因为这种沟通方式抑制了开放式的交流，是荒谬和侮辱的代名词。比如你的朋友戴了一枚戒指，你觉得实在不怎么样，如果你说："哦，亲爱的，这戒指让你的手指看起来像胡萝卜。"你的朋友会怎样呢？如果你真诚地说："亲爱的，我觉得你还是不戴这个戒指更好看。"你的朋友又会怎样呢？

所以，请直截了当地表达你的想法，而不是以讽刺和挖苦来掩饰你的内心，不仅能很好地表达自己，而且不会伤了和气。

5. 过度询问。几乎所有的人都不喜欢被人问来问去的那种感觉，有人说这种感觉像是被审问一样。没错，就是这样。不管你的问题是需要完整答案的开放式问题，还是要求回答"是"或"不是"的是非选择性问题，当你连珠炮似地一再发问后，对方都会觉得自己像个"犯人"一样。

对于这样的说法，或许你会反驳，因为有些时候我们的确需要不断地提问来获取我们需要的信息，而且如果你不幸地碰到一个总是不能表达清楚的对话，那么这种事情就很容易发生。不过，你还是有办法让对话变得轻松自如一些。比如：当你提问时，眼睛看着对方；或者用一些身体语言表达倾听，如点头，或发出赞同的声音作为回应；或者你也可以对他说的话进行简单总结。如果你的确需要大量提问，那么在提问前加上一句话或许效果会不一样，如："我想问你几个问题，你不介意吧？"

三种语气强硬的过失

如果你习惯以命令或威胁的口吻讲话，那么一定存在语气强硬的问题。这种让人有窒息感的强迫口气会让人觉得难以接受，甚至会激起逆反心理。当然，语气强硬也有另外一种巧妙的方式，那就是发出一些多余的劝告，尽管听者未必需要，但你可能依然在自顾自地把自己的想法灌输给对方。

1. 命令。有时候我们告诉某人要做某事时，会不自觉地用一种不容商量的口吻来说，比如“你必须在明天之前做完”“你绝对不能犯这种错误”“我不可能同意你这样做”等。这种“命令”的结果不外乎两种：一是引发他与你的一场争斗，一是他对你憎恶地屈服。究竟会是哪一种，这要取决于你当时的地位。所以，下一次“必须”“绝对”等词又要从你的嘴里蹦出来时，请先停下来，看看是否有更好的方式来传递你的信息。

不过，还有一种更为高明的命令方式。在这样的方式下，你礼貌地运用富于逻辑的陈述。这种方式看上去你并没有命令他人，但在沟通之前，你已经设想别人都同意你的观点，并且你没有给他人发表意见的机会，你用一种无形的方式使别人屈服于你的观点。比如，你对朋友说：“还是朋友最好，在我需要帮助的时候能够伸手帮我。我现在需要一辆摩托车用一下，杰克，你一定会帮我的，对吧？”当你发现自己正在引出一场迅速获得你想要的结果的谈话时，先来问问自己是不是又强加于人了。如果是的话，你不妨也听听别人的意见，或许能让你更有效地达到你的目的。

2. 威胁。“你如果不能……就……”或者“你最好……”，无论是直接的，还是委婉的，都暗示了“否则就会怎样”的威胁，这会使人警惕起来，当然也为有效沟通埋下了隐患。因为大多数人总是会不自觉地寻求防御威胁的办法。

所以，如果你有足够正当和充分的理由，完全可以向人们说明白为什么要这么做，并把结果明确、公正地告诉大家。这会比威胁更有效。

3. 累赘的劝告。我们先来假设一个场景，假设现在你需要到商场购买一袋面粉，然后你听到了下面的劝告：

“老吃面不吃米会营养不全面。”

“你应该昨天去买，昨天做特价。”

“你最好别买高筋粉，那种面粉一点营养都没有。”

“你可以买50斤一袋的大包装，这样你将会节省3元钱。”（事实上，你只是个单身。）

面对这些劝告，你是什么感觉呢？是不是觉得有点像废话呢？反过来假设自己是这样的劝告者，对方会有什么样的感受呢？事实上，如果人们需要我们的劝告，他们会主动找我们，那时他们会认真地倾听。否则，你的劝告只有一个下场——被当作耳旁风。

这也不是说别人不开口，我们就不能提出一些合理化建议。如果你一定要给予别人一些忠告，最好还是征得对方的同意，你可以这样说："你不介意我提个建议吧"，或者说"想听听我对这件事的看法吗？"

三种回避的过失

我们可能都有过这种经历，就是你和对方说了半天，可他传递出来的信息你总是摸不着头脑。这就可能是犯了回避的过失。

1. 模棱两可。沟通中我们不能一语中的，就需要对方来揣测真正的意思，但人与人的心理感应是不同的，如果我们不能清晰地表达，就不能指望对方能猜中。比如"你觉得行就行""按照我以前说的办""应该还行吧"等。另外，模棱两可还包括你所说的并非你自己拥有的信息，比如"大家都知道""大家都同意"等，虽然表达了一个观点，但却不是你自己的。

2. 保留信息。如果你很愿意交谈并琢磨其中的奥秘，就会发现，有些人释放出信息只不过是为了让他人了解自己。但也有一些人，他们释放信息不仅仅是为了寻求了解，他们还需要从你那里了解到接下来要怎么做，或接下来的结果怎样。此时，如果你把这部分信息堵在喉咙里，那么这场交流就成了一个人的游戏，而不是一个有效的沟通。

所以，你需要记住：如果你拥有对他人有用的信息而没有说出来，接下来就会发生一个有趣的事情——别人拥有对你有用的信息时也不会让你知道。

3. 转移注意力。当你们的交流变得有些情绪化或个性化时，或你感觉有人隐藏他们的真实想法时，一定会感到不舒服，并且还会和他们一样将谈话的内容变得表面化。而这样做的结果就是导致行为的转移，你们或是散伙，或是改变话题，从而出现了回避的状况。

麦伦是一家食品公司最热情的销售员，当然，他的业绩也是全公司一流的。但是最近，麦伦发现如果按照原来的价格销售，将会失去大量的销售额。他很自信，觉得如果老板能够允许他降价销售的话，他能够大幅提升销售额。于是，他找到老板说明了情况：

“我作为全公司两年来业绩最好的销售员，我想我的判断不会有错。目前，这款食品的价格如果能够降低5%，那么销售额至少可以提升20%，我已经算过了，这样我们公司每天就可以增加120万的净利润……”

可能麦伦自己没有察觉，他的这番话实际上具有很强的个性化因素，他完全没有考虑老板，一味地从自己的角度在说问题。这令他的老板很不舒服，于是，老板便采取了回避的态度，对麦伦说：

“你分析得不错，不过我得考虑一下。对了，上次说的报表……”

显然，这场对话没能继续下去。

当然，我们绝对不能强求每次沟通都必须具有多么深刻的意义，但如果你明明知道这是一次意义重大的沟通，就不能放任这样的事情发生。你需要集中你的注意力去关注别人，使用积极的态度来使沟通继续下去。同时，也要注意对方的情绪，不要让别人感觉不舒服而转移话题。

好了，上面所说的沟通过失足以让人觉得毛骨悚然了，因为我们总是会触犯上一两条，或者两三条，甚至更多。不过，你不要为此而紧张，那会更加影响你的沟通，你要做的就是深呼吸，然后说点别的事情，等做好准备，再来接着谈。

第三章 安全的氛围

先忘掉要说的话

一只松鼠在一间屋子里待了两个小时，它感觉无比的压抑和窒息，虽然屋子里都是它爱吃的松果，但它还是觉得难受。于是，它拼命从门缝钻了出去。两个小时后，松鼠饥饿难耐，想起屋内的松果，于是再次回来。这一次，它感觉好多了……

我们不能期盼每一次沟通都能够如鱼得水，所以在沟通中感到气氛尴尬或是不安全也很常见。那我们要怎么做呢？在解决这个问题之前，我们先来看个真实的例子。

麦克和玛丽是一对夫妻，但一年多以来，他们之间的关系发生了一些问题。

麦克认为他和玛丽之间的关系没有之前那样亲密了，但玛丽却感觉现在的关系很好。遗憾的是，很长时间以来，他们都没有针对这个问题进行好好的沟通，而是各自以自己的方式来回应。比如，麦克想要亲热，而玛丽没有回应时，麦克就会一脸气愤地走开。然后，在几天之内都不愿和玛丽说话。

玛丽知道这样对他们的夫妻关系很不好，所以偶尔也会不情愿地顺从他，可惜的是，她越是这样就会越讨厌麦克，这让玛丽非常苦恼。于是，他们之间产生了一种非常微妙的反应链：麦克越是坚持或越是不高兴，玛丽就越觉得麦克没有吸引力；而玛丽越是无奈地顺从，她就越讨厌麦克，对他们的亲密关系就越没有兴趣。

显然，如果他们再不进行一次有效的沟通，他们将越走越远，直至分道扬镳。玛丽当然也意识到了这一点，她并不想离婚，于是，玛丽决定跟麦克挑明这个问题。她是个聪明的女人，没有在两个人都感觉气氛尴尬或是心里不舒服的时候来谈，而是选择了一顿愉快的晚餐之后，两人轻松地坐在沙发上闲聊时开的口：

“麦克，我想谈谈我们最近的问题，好吗？其实，我每天回家都感觉很累。”

“亲爱的，我或许并不想和你讨论这件事。”

“为什么？”

“因为我早就厌倦了由你来决定什么时候该干什么！”

玛丽很气愤，起身离开沙发，走进卧室。

如果换作是你，你会怎么做呢？

1. 走进卧室，不再理会麦克，直到睡着，第二天一切照旧；
2. 和麦克大吵一架，说他一点都不理解你。

是的，大多数人都只有这两种选择，玛丽也一样。她的全部注意力都集中在了麦克所说的话上，所以她也觉得很不安全，并陷入了沉默。而实际上，如果玛丽注意观察就会发现，麦克并没有说出自己的担忧，他之所以抨击玛丽是因为他感到不安全。当然，这并不能说麦克的行为是可以接受的，或者说玛丽理所应当就要忍受这一点。

不管怎样，玛丽如果想要使他们的谈论再次建立起来，就要建立一个安全的形式，使麦克能够进入到这个话题当中。

那么，现在玛丽到底要怎样做呢？

正确的做法应该是虽然知道安全受到了威胁，但还是要试着用甜言蜜语来包装自己要传达的信息，从而使这个敏感的话题更容易被麦克接受。比如，玛丽可以说：

“亲爱的，我真的希望能够时刻和你都在一起，但是我的工作实在太累了，这种压力有时候会出来捣乱，当它蹦出来的时候，我的大脑简直都停止了运转，这让我很难全心全意地享受我们在一起的时间。”

这种冲淡谈话内容的方法会让对方感觉到相对的安全，但却回避了真正的话题，使得问题可能很长时间都无法得到解决。

所以，最好的沟通者不会玩这种游戏，因为他们知道沟通时信息的自由流动不需要任何的伪装和巧言令色。他们会先走出谈话的内容，建立一种安全的形式，然后再回来。例如：

“我们是不是可以暂时改变一下话题？我想谈谈当我们都感觉不到浪漫时的状况。我想如果我们可以互相分享，了解哪些方法可以解决问题，哪些方法不能，一定会给我们带来好处。亲爱的，我的目的不是让你产生负罪感，更不是为我自己辩护，我只是希望我们能够找到一个解决办法，让我们如同以前一样感到快乐和满足。”

上面的两段话看上去并没有太大的区别，因为它们似乎都离开了原来的夫妻关系的话题，但实际上它们所包含的信息却大大不同。当玛丽说“我的工作实在太累了，这种压力有时候会出来捣乱……”时，麦克会觉得她是在给自己找借口。而当玛丽说“谈谈当我们都感觉不到浪漫时的状况”时，很容易勾起强烈的倾诉欲，接着他们便可以试着谈谈“哪些方法可以解决问题，哪些方法不能”。然后，问题就容易解决了。

寻找共同点

上一次，有人给你提出了非常苛刻的意见还有印象吗？你当时感到万分的刺耳，但却并没有找一大堆难听的话来反击。原因很简单——你和他有共同的目标。

你肯定遇到过沟通出岔子的情况，并且感到奇怪，明明不是什么敏感话题，结果却弄得面红耳赤。这其实并不奇怪，沟通出岔子常常与沟通的内容不相关，而是因为你们没有共同的目标。

我们可以做一个假设。现在你和你五岁的儿子正在进行一场对话：

“爸爸，我想吃饼干，你陪我一起去买吧。”

“哦？可是饼干吃多了很容易长蛀牙哦。”

“我吃完饼干就刷牙，这样就没事了。”

“嗯，不错，可是爸爸现在还有点事儿，我们改天好吗？”

你猜想，接下来孩子会怎么样呢？他一定非常失望，如果你的孩子不够懂事，他很有可能躺在地上大哭大闹一通。那好，现在你和儿子换一种方式来交谈：

“爸爸，我想吃饼干，你陪我一起去买吧。”

“饼干？噢，真的很好吃呢，爸爸也很爱吃的。不过，你知道吗，爸爸小时候可没有饼干吃。”

“那你吃什么？”

“爸爸虽然没有饼干吃，但是有更好吃的东西。”

“什么呀，爸爸，我也想要。”

“好，一会儿爸爸给你做，它的名字叫水果集中营。”

……

接下来，你一定猜到了。没错，你可以和孩子一起找来家里现成的水果，然后切成不同的形状，放在一起，用沙拉酱或是酸奶拌匀，美美地吃起来。

为什么这一次孩子不哭不闹乖乖地和你一起吃起了再平常不过的水果沙拉呢？因为你传递给孩子的信息是——我们的目标是一样的。是的，现在你和孩子站在了同一个阵营，所以孩子不仅不会反抗，还会顺从地和你一道高兴地吃那些他平时可能并不太喜欢的东西。

所以，面对一场沟通，你首先要做的就是寻找共同目标，不过你不能将寻找共同目标作为一种技巧，你必须真正关心别人的利益而不只是你自己的。如果你想要我行我素或者控制别人，那么你们之间的安全性很快就会被破坏殆尽，当然你和你的沟通对象也会很快进入沉默或语言暴力的状态。为此，在沟通开始之前，请务必先问自己几个问题，并认真回答出来：

我想从这次沟通中得到什么？

在我们的谈话中，别人相信我正在关心他们的目标吗？

他们会相信我的动机吗？

当你能够把这几个问题处理得当后，你们通常也就有了共同的目标。那么现在，我们需要看一看共同目标是如何应用在一场对话当中的，这对你将来举一反三地运用这个方法很有帮助。

杰米是一家公司的员工，他认真负责，对工作兢兢业业。但不幸的是，他的老板是个不讲信用的家伙，经常会出尔反尔，这给杰米的工作带来了很大的麻烦。于是，他想找老板谈一谈。

当然，杰米知道，如果他就这样直接找老板一定会引起老板的反感，甚至会产生防卫或报复心理，这可不是杰米想要的结果。

为了避免这种灾难，杰米必须找到一个能够引起老板兴趣的共同目标，使他愿意让杰米来说说自己的感受。为此，杰米首先否定了他心底最原始的那股抱怨，他真想直接找到老板说：

“嘿，你这个不讲信用的家伙，明明说好要五个人一起完成任务，现在竟然抽走两个人，要我怎么完成！”

但这样说只会让老板觉得杰米不过是在给自己找借口，想要让自己过得舒服一点，结果要么被老板臭骂一顿，要么敷衍了事，根本解决不了问题。

所以，杰米必须了解老板的观点，并找到一种方法，让他愿意加入这场敏感的对话之中。在经过一番思考之后，杰米走进了老板的办公室，他是这样说的：

“我有一些想法，我可以在每个月准备一份报告，这既可以让我的工作进度更为可靠，而且还可以节省好几千块钱的成本。当然，这个话题可能有点敏感，但我想如果我们能够好好谈一谈，应该可以帮助我们提高业绩。”

正如杰米所预期的那样，老板欣然接受了这次沟通。因为提高工作效率、节省成本、增加业绩，这些都是老板特别感兴趣的事情，然后他们进行了一场非常融洽的谈话，杰米也借机说到现在的工作只有三个人，无法保证进度的话，而老板也答应给杰米加派人手。杰米将其作为两人的共同目标，当然可以让老板愿意与他谈谈。相反，如果你接近老板的唯一目的是想得到你想要的东西，老板当然会感受到你自私以及挑毛病的心态——事实上，你的心里也的确是这么想的，这会让你的老板一开始就懒得理你。

但有些时候，尽管我们已经找到了共同目标，沟通也已经顺利地开始，但却不能达到最完美的结局，常常会在沟通的中途就出现危险。实际上，这是由于你们的共同目标受到了威胁，从而导致整个沟通陷入一种非安全氛围。使我们缺少共同目标的原因可能有很多种，这并不重要。重要的是，我们得能够感受到这个危机，这样才有可能避免一场无谓的争论。可是，我们如何才能知道你们之间已经缺少共同目标了呢？这个很容易。因为当沟通中的双方目标不一致时，一定会导致争论。当你的沟通对象觉得你正开始把你的信息强加给他的时候，他们就会认为你正在设法取胜，当然他们也会和你做一样的事情。除此之外，辩护、隐藏想法（比如恶意的沉默）、指责、绕来绕去等都是共同目标受到威胁的信号，试着多体会就知道了。

先给自己讲个“故事”

你经历过这样的事吗？当你正在小区里悠闲地散步，这时突然从对面跑来一只凶猛的大狗，这让你毛骨悚然，甚至做好了要与它决一死战的准备，结果，大狗从你身边“嗖”的一下跑过去了，就好像你根本不存在一样……

每个人应该都有过类似的经历。首先我们看到了别人的某个行动，接着在我们的心里产生了某种感觉，这种感觉使我们很不安，于是我们便采取了相应的措施。但很多时候，我们的感觉是错的，别人并没有伤害我们的意思……

所以，在别人的行为和我们的感觉之间一定发生了什么。事实的确如此，在别人的行为和我们的感觉之间的确存在一个中间步骤，这就是面对同一种情况，十个人就会有十种反应。为了能够更好地说清楚这个问题，我们先来看看发生在卡罗身上的事：

卡罗是一家软件公司的程序员，平时的工作非常辛苦。于是，周末成了卡罗最梦寐以求的日子。

周六吃过早饭，卡罗靠在沙发上看电视，他最喜欢这种放松的方式，不管电视是什么节目，反正不用他费心思去思考，他只管坐着吃点东西或是喝点茶水。但这样美好的时光很快被打破了，原因是卡罗的岳母开始了她一天的忙碌。（平日里岳母与卡罗生活在一起，工作日卡罗和妻子上班后，岳母吃过早饭就开始收拾房间。）她先是来到茶几旁边，把茶几上摆放的那些乱七八糟的水果、零食等收拾整齐；接着她又将卡罗随手放在沙发扶手上的纸巾拿走……

卡罗对此非常不满，他感觉他的岳母完全是在做给他看。他觉得岳母如此到处收拾，无非是在告诉他不要随手乱放东西，他甚至觉得岳母这是在提醒他应该帮忙一起收拾。

带着这种情绪，卡罗一点也不觉得这个周末有多么轻松。几分钟后，卡罗的妻子看到了他的表情后问道："怎么了，亲爱的？你的脸色不太好看。"卡罗解释说：

"是你妈妈，我想清静地看一会儿电视。可是，她在我面前晃来晃去，在收拾我放在沙发上的东西时还给了我一个让我很不舒服的眼神。你也知道，我一周就只有这么一天休息的时间，可她老是令我生气！"

妻子听完卡罗的话很不高兴，对他说："是她让你生气，还是你自己让自己生气？"

妻子的话很有意思，到底是谁让卡罗生气了呢？这个或许的确难以判断。但我们知道的是，对于同样的事情，有些人的反应要比他人敏感得多。比如，有些人即使你尖锐地指出他的错误，他也能笑着接受你的意见，而有的人哪怕你只是告诉他他的牙齿上粘了韭菜花，他也可能大发雷霆。

我们不禁要问，他的情绪是从哪儿来的呢？可以肯定地说，每个人的情绪都不是无缘无故产生的。它不是别人强加给你的，而是你自己创造了自己的情绪。而一旦你创造了自己的情绪，你就只有两种选择，要么被它影响，要么你影响它。

现在回到刚才的话题，也就是"在别人的行为与我们的感觉之间一定发生了什么"。通过卡罗的情况，我们可以很清楚地知道，这个中间过程就是我们给自己讲了一个"故事"，说得明白些，就是我们自己单方面地为我们看到的他人的行为添加了某种意义或动机。比如卡罗，他讲的"故事"或者说他给岳母的行为添加的动机是：

岳母对他的行为一直感到不满，然后岳母开始故意在他面前弄东弄西。

所以，他认为，在当时他生气是再合理不过的反应了。这就是问题的关键，卡罗认为他的情绪是当时唯一正确的反应，任何人都会像他一样气愤不已。但实际上，岳母对卡罗没有任何意见，她只是习惯了在那个时间收拾屋子而已，因为从周一到周五卡罗和妻子上班的时候，她都是在这个时间做家务的。

显然，不是岳母令他生气，而是他自己给自己讲的“故事”令他生气。既然我们，且只有我们能够给自己讲述故事，那么我们完全可以通过讲不同的故事来控制自己的情绪。

比如卡罗和岳母之间发生的事，现在我们让卡罗重新给自己讲一个“故事”。当他看到岳母在自己面前晃来晃去时，他给自己讲的故事变成这样：

岳母简直像个想要得到关注的孩子，她的眼神看起来好像很希望我能夸她两句，或者感谢她一下。嘿嘿，我现在故意不夸你……

或许在这个故事背景里，卡罗一点都不会生气，甚至很有可能暗自笑起来。现在，我们找到了支点，也就是控制点。如果我们可以通过重新思考或重新讲述“故事”来控制我们的情绪，那么也就不难控制沟通的氛围了。

既然这样，为了能够更好地沟通，我们非常有必要对自己讲一个利于沟通的故事。最有效的方法就是慢下来，一步步回忆你的行为产生的途径。

注意自己的行为，问自己是否有沉默或语言暴力的行为。

想想自己的感受，问自己哪种情绪导致自己产生这种行为。

分析所讲的故事，问自己什么故事使自己产生了这种情绪。

回到事实当中来，问自己讲的这个故事是否有根据。

通过仔细回忆，你就可以“强迫”自己进行思考、质疑并改变。总之，你必须承认这个过程的存在，并且要试图通过一个美好的故事，或是一个不太糟的故事来控制你的情绪和沟通的氛围。

比如：当你的故事中出现了“他愤怒地瞪了我一眼”或“他紧闭嘴唇来讽刺我”等情节，并让自己陷入不良情绪时，要试着改变故事的内容，因为这只是你增加的故事情节，并不一定是事实，所以你可以改成“他的眼睛用力挤了一下”或“他的嘴唇抿得更紧了”。这样一来，意思会有很大的差别。

怎么样，现在你有没有一点小小的启发呢？

或许你感觉到你的确犯过这样的错误，或许你依然怀有疑问——你可能会说：“慢着，我就从来没有注意到自己在讲故事。”事实上，卡罗也可能与你有同感，他会说：“我躺在沙发上的时候，看见岳母斜了我两眼，那意思明明就是对我不满，所以我才生气的。我认为是我先有了感觉，然后才有了想法，而并非先讲故事才有感觉。”

事实上，很多人都会有这样的感觉，因为我们“讲故事”的过程发生得非常快，当我们感觉到不安全时，我们会以极快的速度告诉自己一个故事，快的程度常常是我们自己都不知道就已经讲完了。总之，不要怀疑这个事实，如果你能够试着在你感觉沟通不够安全时先给自己讲个好故事，也许结果会大大不一样。

自我袒露

你可能并没有想过，就你自己而言是可以划分为几个不同的自我的，比如：

公开的自我，它是你展现出来的一切意识的行动和言辞；

盲目的自我，它涵盖了那些你一无所知而别人能发现的自我，比如习惯、癖好、自卫机制等；

隐蔽的自我，它使你对某些事情、想法、感受和愿望守口如瓶；

未知的自我，它是你无意识或下意识的自我，像做梦、第六感等。

自我袒露对于你来说，或许比跳伞不带降落伞还要恐怖，所以你总是踌躇不前，因为你害怕自己会遭到拒绝或者非难。但如果你总是因此而拒绝自我袒露，那么你会失去得更多，比如你只能离群索居、孤芳自赏。

实际上，虽然你害怕自我袒露，但你还是没有办法做到不袒露自己。只要你的周围有其他人，你就会袒露自己，即使一言不发，你的沉默和姿态也在透露着某种信息。但这种方式的自我袒露没有一点好处，只会让你们之间的安全气氛遭到破坏。而如果你肯敞开心扉，即袒露真实的自己，那么对方会感到你的真诚，你们沟通的气氛会变得好起来，也就是说，袒露会换来袒露。

一旦沟通的双方都愿意袒露真实的自我，那么你们的关系就会日益融洽。毕竟当你对别人推心置腹时，别人也会对你敞开心扉，即使对方仍然有所保留，也会使你们的交谈范围扩大。若涉及某些特定话题，也会更加深入地交谈。他们除了把事实和自己的观点告诉你以外，还会变得愿意与你分享他们的感受、信念和需求。

或许仅仅有这些就足够让你们有一个安全的沟通氛围了，而在这样的氛围之下，即便不能把事情完全解决好，但至少它不会那么让你犯怵或感到棘手。这一点，我们可以通过吉瑞和蓝狄亚的事来分析一下。

吉瑞和蓝狄亚同在一家公司上班，他们一直都是不错的朋友。但是有一次公司年会向大家征集创意，蓝狄亚首先有了一个不错的想法——每个人用小纸条写一句话，然后通通放进一个大纸盒里。到年会的那天，每个人从大纸盒里随机抽出一张纸条，并按照上面的说法表演出来，一定会很有趣。蓝狄亚只是和吉瑞说了想法，她自己随后出去办事了。吉瑞也觉得是个不错的想法，当年会的组织者来征询建议的时候，吉瑞便说了。

所有人都夸吉瑞很有创意，可想而知，当蓝狄亚知道后是什么样的感觉。她感觉自己简直交错了朋友，而吉瑞的心里也不好过，他觉得自己的确不应该为了贪图一点赞誉而抢占了蓝狄亚的智慧。但是，吉瑞觉得自己已经没有办法了，他只能强撑下去，他不断地告诉自己“那个创意就是我的”，所以当他见到蓝狄亚的时候总是会装出一副满不在乎甚至有点轻蔑的样子。蓝狄亚当然也感觉得到，这使得他们之间的气氛非常尴尬和不舒服，因此，他们之间的交流也总是别别扭扭的。

这对蓝狄亚来说，除了在与吉瑞交流的时候感到不舒服，其余时间并没有什么影响，因为她理直气壮。但对于吉瑞来说可没这么简单，他总感觉自己像窃贼一样，偷了别人的东西还装作若无其事。

这样的心理对峙让吉瑞疲惫不堪，他决定和蓝狄亚好好谈一谈。于是，下班后他邀请蓝狄亚一同喝咖啡，蓝狄亚有些意外，但还是同意了。要了咖啡后，吉瑞开门见山地说：

“蓝狄亚，关于年会创意的事我觉得很难为情，这让我感觉在与你说话的时候都很尴尬，所以现在我正式向你道歉，希望我们还能像以前一样自在地交流。”

正如刚才所说的——袒露可以换回袒露。蓝狄亚听到吉瑞的话，觉得他仿佛帮自己挪开了压在心里的石头，她长舒一口气说：

“好吧，那个创意就让它过去吧，下一次我会有更好的创意的。实际上，你这样说真是让我太高兴了，你知道吗，这些天以来，我总是感觉很别扭，尤其是面对你的时候，这简直快要影响我的工作和生活了。我是最害怕尴尬的，这你知道，对吧……”

看来，自我袒露的确很神奇。蓝狄亚不仅在第一时间原谅了吉瑞，还让蓝狄亚说了比吉瑞更多的话，她也像吉瑞一样说了自己这些天来的感受。这实际上并不稀奇，因为在之前吉瑞和蓝狄亚说话时，他们总是故意做着某种姿态，这让他们之间如同安置了一枚隐形炸弹，虽然不爆炸但是大家都感到不安全，所以总是“话不投机”。现在好了，由于吉瑞的自我袒露让蓝狄亚也感到了“安全”，所以她也愿意说说自己的想法和感受。

现在，自我袒露的好处你已经了解了，那么你会自我袒露吗？既然自我袒露可以营造很好的安全氛围，为什么不是每个人都总把自己的一切告诉别人呢？你或许也为此感到奇怪，因为很多时候你很想说一些话，但是又出于某种阻力而让自己作罢了。

这大概与社会偏见有一定的关系，比如当你袒露自己的缺点时，人们可能会以为你是个坏蛋，而当你袒露自己的优点，人们又可能会说你爱吹牛，而如果你一旦袒露了自己的立场，你就可能不得不付诸行动，或是赞成某一方，或是捐献，或是志愿提供服务……所以，最终你的直觉告诉你，袒露是有一定危险的。但你一定要克服这个心理障碍，同时，自我袒露并不是要你毫无保留地信口开河，而是要你能够权衡利弊，知道何时对何人说什么。

总的来说，你自我袒露得越多，你的沟通效果就会越好，但要避免走极端，否则你会成为一个多嘴的长舌妇。

注意安全形势的变化

“真是奇怪，我们开始的时候只是随便闲聊，可是不知道怎么回事，说着说着竟然吵了起来……”

一心二用的确有点困难，尤其是在我们进行一场谈话的时候，我们常常忘记了当时是怎样的形势，只是在不知不觉中一步步走向或制造了紧张的气氛。

现在来回想一下那些让你不知不觉陷入危险氛围的谈话吧！当谈话变得重大或者你们变得情绪激动时，你是否正全神贯注地关心你们谈话的内容，且很难从争论之中抽离出来，去客观地看一看你们之间到底发生了什么事呢？一定是的，因为只有到最后，你才会意识到：糟了！但是现在你通常已经不知道该怎么做才能让事情好转了，你可能连发生了什么事都没看清楚。

怎么会这样呢？我们置身于激烈的争吵或者讨论之中，竟然连发生了什么都没看到。实际上，对于大多数人来说一心二用并不容易，如果要你既注意谈话内容又要关注当时的形势，你可能会顾此失彼。但是，为了能够防止沟通的安全气氛被破坏，我们不得不试着这样做。

争取在问题恶化之前看到那些危险的信号，然后把握问题的中心，或者说让你们的谈话继续在安全的氛围中进行。为此，在你的沟通中，请留心一下吧！

你自己感觉不安全时

在一场普通的、对双方都没有任何伤害的一般沟通中，大家都能够心平气和地畅所欲言。但是，当一场普通的对话变得有些艰难时，你应该注意到可能要面临的危险。否则，你会很容易在不知不觉中卷入一场愚蠢的争论。为了能够在第一时间发现问题，现在你需要重新整理一下你的思维，注意一下你自己发生的变化。

有些人发现当问题变得突出或者当自己在谈话中感到不安全时，胃部会出现紧缩感，或者眼睛有干涩的感觉。另外也有一些人会注意到自己的情绪，他们会感到自己有恐惧感、受伤感，或者感到气愤。这种情绪是非常好的暗示，它们是在告诉你先后退一步，然后采取行动让你的头脑恢复正常。也有人的信号既不是身体上的也不是情绪上的，而是行动上的，他们感觉自己如同灵魂出窍一样，鬼使神差地提高嗓门，或者用手指着别人，或者连珠炮似地指责对方，当然也有人变得沉默。

当然，每个人对安全氛围的反应并不一样，你需要花一点时间来想一想你遭遇过的最棘手的沟通经验，想一想自己的大脑在脱离正轨时，身体、情绪、行动上发生了哪些变化，然后在下一次谈话时格外注意它们。而当你注意到它们时，要告诉自己：现在已经不是一场普通的谈话了，我必须注意自己的语言、动作、情绪，不要让问题继续恶化。

其他人感觉不安全时

对于不安全的气氛，不仅你能够感觉得到，对方也能够感觉得到，他们可能也会因此而做出一些令人不愉快的事情。

一般来说，你最容易察觉到的就是他们的沉默和语言暴力。这是两个不健康的交谈方向，这一点你是知道的，问题的关键是你需要知道沉默和语言暴力的常见形式，这样你就可以在事情刚刚发生时就辨认出其中的安全问题，并迅速踏出高风险地带，重建安全形势。

1. 掩饰。这是对方对不安全的最常见的反应之一，他们会不完全地或者有选择地表达他们的观点，而他们惯用的手法就是讽刺、甜言蜜语或者语焉不详。举例来说，如果有人对你的一个主意这样评价：

“哦，天啊，这的确太有创意了。人们或许真的会为了节约两毛钱多走上30分钟的路。你是怎么想到的？”

千万别以为他真的很赞赏这个主意，他的真实意思是——你的想法可真蠢。所以，你需要想一想自己这个主意有什么问题，然后你们重新讨论。

2. 回避。如果对方回避真正的话题，说明他根本就不想提及这回事。比如当比尔和妻子提到削减家庭开支的事时，他的妻子说：

“要说削减开支——你看过《查理的账单》吗？乔伊娜继承了一大笔钱，然后她买了很多愚蠢的东西，真是可笑极了。”

她的意思是：我可不想和你讨论这个事，因为每次我们都会因此吵起来。

3. 逃避。这个很明显，就是完全回避谈话的内容，要么结束谈话，要么离开现场。

“不好意思，我去接个电话。”

“对不起，我不想再讨论这个事了，我先走了。”

“抱歉，我还有点事，我们改天再聊。”

“不好意思，有件事我得去处理下，咱们回头再聊。”

这些看似冠冕堂皇的理由其实都是在说一件事：我不想再浪费一分钟来讨论这件事了。

这三种都是在企图隐藏信息，我们可以将它们统称为沉默。当你看到对方有这种表现时，你需要意识到：对方的感觉已经超出安全范围了，他可能因为害怕什么而不敢或者不想再继续谈下去了。通常，沉默容易发生在性格比较内向或是心思比较缜密的人身上，而那些性格较为火爆的人，他们的肾上腺素会分泌得格外旺盛，所以当他们的潜意识告诉他们气氛不安全时，会有另一番表现——语言暴力。

1. 掌控。他们会强迫你接受他的想法，比如他们会强行打断你，让你不得不听他的意见，或者他们还会运用夸张的方法使事实变大，很有可能用绝对的口气和你说话，让你感觉必须得听从他的想法。比如埃利亚想让她的丈夫为她再买一枚戒指（结婚时她已经得到了一枚非常昂贵的钻戒），她这样说：

“我们公司里所有的女同事都有两枚以上的戒指，她们可以经常换一换，让整个人的感觉都跟着变化起来。”

而她实际的意思很简单：我希望再买一枚戒指。注意：她用的是“公司里所有的女同事”，事实上，这绝对夸大其词，因为埃利亚的公司至少有100名女员工，她不可能逐个观察或是盘问。但她用这样的词组就是要掌控丈夫，让他同意再给她买一枚戒指。

2. 归类。他们会将你或者你的想法进行归类，比如他们可能会说：“所有有脑子的人都会认为这是个好主意，根本不用多解释。”

那么他的意思是：我没有办法给你更好的解释。但如果你不认同这是个好主意，你就是没有脑子的人。

3. 攻击。你需要小心了，此时你的沟通者的心态已经从“争取沟通的胜利”渐渐变成“要让你不好过”了，为此他可能会采用轻蔑或威胁的方法，比如他会对你说：

“你当然可以不听我的话，那你就去试试，看会有什么后果！”

“哦，吉姆，你知道我们是多年的朋友了，我一直都是支持你的。但是这一次你真的错了，你为了让你的团队更好，这无可厚非，但是这让我们其他人受了罪。你知道吗？你真是太糊涂了！我非常抱歉对你说这些话，但是必须有人来说出真相。”

不管是轻蔑的威胁，还是委婉的批评，实际上都是不折不扣的攻击。

那么，你该怎么办呢？对于沟通高手来说，现在他们会对自己说：

“哦，没关系，这家伙只是感觉不安全了，我最好想个办法来改变这种情况。”

但不幸的是，当其他人感觉不安全时他们可能会取笑你，甚至侮辱你，让你窘态百出。所以，你完全忘了这不过是他们感觉不安全而做出的反应这回事，你只是在想：他在攻击我！接着你就可能用更加有力的语言或者方式来回敬他。好了，现在你被卷入了战争，你自己也成了问题的一部分。所以，在一场关键的沟通中，你需要时时注意氛围的变化，你要能够把沉默或者暴力看作是别人追求安全感的信号，并与自己“想要报仇”的本性做斗争。

切实可行的四部曲

你希望和老婆骑一辆自行车去公园，但是老婆却希望每人骑一辆自行车去公园。面对这样看似不可调和的矛盾，你会怎么办？简单，寻找更远的目标——选择一处必须坐车才能去的地方。

虽然我们知道拥有共同目标是顺利沟通的好武器，但有时我们并没有那么幸运。例如，你可能会发现在某一次沟通中如果不牺牲别人的目标，就无法实现自己的目标。在这种情况下，你可能没有办法将两个人的目标进行统一，比如：

昨天老板找你谈话，说你一直以来表现优秀，所以打算给你一个晋升的机会，这会使你的事业发展得更快，当然这也意味着你的收入将更加丰厚。

这对你来讲无疑是天大的喜讯，但是当你把这个消息告诉妻子时却发生了意外，因为这对你的妻子来说意味着你们必须从你所在城市的这头搬到另一头。而你的妻子和孩子都很喜欢现在的地方，妻子有着轻松舒心的工作，孩子在学校也很快乐。另外，你的晋升还意味着你的工作时间将会更长，而陪伴她和孩子的时间将会更少。而这一点是任何东西都无法弥补的。

现在该怎么办呢？

如果你是个很差的对话者可能会忽略这些问题，你要么继续坚持自己的观点，要么对妻子做出妥协。这两种方法最后肯定会有人失败，有人胜利，最可怕的是，虽然你们以某种形式暂时达成了一致，但问题并没有根本解决，它还会长期存在，并可能影响你们之间的感情。

当然，你也可能觉得自己不错，有折中的办法，就是在原来的地方和你将要工作的地方各安一个家，这样就轻松解决问题了。但可以坦率地告诉你，你的妻子绝不喜欢这种安排，因为这意味着你们要长期分居生活，并且会造成更严重的问题，甚至导致离婚。

所以，真正的沟通高手不会选择这样的方式，他们可以用下面这四个步骤来寻找共同目的，并实现它。

承诺寻找共同目标

现在妻子对你晋升的事情已经表现出了不赞同，甚至有些失望和不满，那么你要如何才能再次回到对话中来呢？在这种情况下，你必须做到用“心”，承诺要维持对话，而不是使用沉默或者语言暴力来使别人接受你的观点。如果你们各自的不满情绪已经开始爆发，要做到这一点恐怕并不容易，但是为了停止争吵，你必须克制自己，并且要敞开心扉，面对事实。

你要愿意将这种承诺用语言的形式进行表达，尽管你的妻子一直都在试图说服你。但你要相信，妻子只是因为感到不安全才出现了这种状况。你要学会一种假设：如果能够表达出自己对于寻找共同目标的高度承诺，并借此建立一个更为安全的气氛，那么对方就会对这个沟通更有信心。

所以，当你发现你们已经陷入争吵时，可以试试这个简单又很容易奏效的方法，你只需要说：

“看来，现在我们都想让对方接受自己的观点，而且气氛已经不太愉快。但我一定会让这场讨论继续下去，直到找到我们都能接受的方法。”

明确策略后面的目的

或许你并没有注意到一个事实，就是当我们在沟通中陷入僵局的时候，常常是因为你要做一件事，而对方要做另一件事。于是，我们觉得没有出路了。但事实的真相是什么呢？现在我来告诉你：我们要做的事只是一种策略，我们总是通过这种策略来实现一个目的。所以，当你觉得你和对方因为要做的事情不同而无法继续时，不过是你把策略和想要的结果混淆了。

拉尔下班回家，对妻子说想要去看电影，但妻子说她一点也不想去，她想在家里放松一下，因此两人很快争吵了起来。一个要出去，一个要留在家里，这似乎是一个无法调和的矛盾。

但所有的事情都会有解决的办法。我们可以假想，现在拉尔认识到了他们现在要做的事的背后都有一个目的，而他们为之争吵的事情不过是各自的手段而不是目的。所以，他想打破僵局，找一下他要出去看电影和妻子想要待在家里的真正目的。于是他说：

“亲爱的，你为什么一定要待在家里呢？”

“因为我不想到处跑，外面的混乱和拥挤让我难以忍受。”

“我明白了，你是希望清静一下，对吗？”

“是的，我觉得一家人安安静静地度过一个晚上很不错。那么，你为什么想去看电影呢？”

“因为我想和你在一起，只有我们两个，没有孩子。就是说，我很向往再过一过只有我们两个人的世界。”

当他们彼此都了解对方真正的目的后，都不再责怪对方。接下来，拉尔再次回到话题，但同时也提出了一个更高的目标。

“你想要的是清静，我想要的是和你单独在一起。那么，如果我们能够找到一件既安静，又能单独在一起的事情就好了，对不对？”

“没错，亲爱的。或者，我们一起开车到峡谷去兜兜风，你觉得怎么样……”

你瞧，找到策略背后的目标是不是很奏效呢？

创造共同目的

就像刚才说的拉尔一样，当我们找到了策略之后的目的时，就会发现原来彼此虽然采用相互冲突的策略，但其实是有可以相容的目标的。有了共同的目标就可以找到共同的策略。但我们并不总是那么幸运，因为有很多时候，即使我们明确了各自的目标，但还是存在分歧。这时，就要看一看能否创造一个更高或更长远的目标，从而激励你们寻找解决办法。

我们再回到你和妻子因为你的晋升而发生不愉快的事情上。实际上，你们的目标的确极具冲突，似乎不牺牲别人的目标，自己的目标就无法实现。在这种情况下，你们不可能找到共同目标，因此你必须主动创造一个出来。

为此，你要思考一个更为完整、更有意义的目标。比如，你和妻子可能一直认为你们的关系和孩子要比彼此的事业更为重要。那么，在这个基础之上，你们就可以为了实现这个目标而找到方法来超越短期的妥协，建立共同目标，并开始新的对话。

寻找新的策略

现在有了共同的目标，建立了安全的沟通形势，你就可以开启或者重新开启你们的对话了，并努力找到可以满足双方需求的策略。

我们依然要说说有关你晋升的事，因为你和妻子已经有了共同的目标——你们的关系和孩子。那么，现在就要暂缓对现在提议的评判，你应该想一想除此之外是否还有新的可行方案，比如：

是否可以在当地找到另外一个满足你职业发展的工作？

目前这份工作是唯一让你开心的吗？

如果接受这次升职就一定得搬家吗？

……

总之，如果你不试着寻找新的策略的话，即便你们有了共同的目标，还是会因为策略不同而产生问题。所以，你必须从头到尾解决，而刚刚所说的四步就是很不错的参考。

第四章 发出正确的信息

说与不说的拿捏

有时候，知无不言、言无不尽也未必是好事；但有时候，三缄其口也会惹来祸端。

说？

不说？

这是个问题……

如果你喜欢玩桥牌，那么就会对“说与不说”拿捏得好一些，这当然是因为沟通中的说与不说和桥牌有些相似之处。打桥牌时两人一组，双方叫牌，目的在于叫出自己的实力和牌型，以打败对方。

但是初学者对于叫牌时的说与不说往往把握不准，常常会不分青红皂白地乱叫，有时甚至根本没有希望的牌也叫，结果把自己的实力和牌的分配状况暴露给对方，使对方轻而易举地获胜。所以，经过几次碰壁之后，“沉默是金”就成了初学者最为青睐的叫牌计策。不过，你总是沉默也不是赢牌的方法，你自己的真正实力还是要巧妙地说出来，只有这样，你才可能取胜。

说与不说，的确不好拿捏。对于这个问题，那些大脑简单的人或许会脱口而出：该说的就说，不该说的就不说呗。但是，现在问题又来了，到底什么该说什么不该说呢？我们看到，有很多人受“沉默是金”的影响，认为凡事只要自己心里知道就行了，不必说出来。

但事实并非如此，尤其当你需要沟通的时候。打个比方，如果你的一位同事总是喜欢让你帮忙干这干那，而他自己却躲在一边悠闲地喝茶。此时，你的心里当然很清楚：他绝对是个偷奸耍滑的家伙，总是甜言蜜语让自己帮忙，而他自己却享清闲。那么，你是鼓着一肚子气继续奉行“沉默是金”，还是找个机会让他明白你不是他的“奴隶”呢？这种情况下，多数人都不会认为“一直沉默”是最好的办法，也就是说，该说的时候一定要说。

说有说的原则，在说与不说之间，你需要掌握的原则是：“废话”不要说，“不像话的话”不要说。话到嘴边先停一下，想一想自己要说的这句话说出来有什么作用，如果你觉得这话说与不说对于你想要达到的沟通目的都没有意义，那就换点别的话说。另外，如果你觉得自己的话说出来让人觉得“不像话”，那也不要说。现在你可能有了一个疑问：

我怎么知道这话在别人听来感觉是什么样呢？

方法很简单，就是换位思考，让自己站在对方的角度，假设有人和你这样说话，你会不会觉得“不像话”，如果你自己也感觉有点不对头，那就把这些话咽回肚子里重新组织一下再说。而如果你感觉你要说的话不仅没有什么不妥，而且还对于你沟通所要达到的目的大有裨益的话，那就非说不可了。否则，你也成了“茶壶煮饺子”了。这在沟通中也是犯了大忌的，因为你只有清晰、适当地表达了自己，才能得到他人的有效回应，然后你们彼此之间才能进入“A发出信息→B接受并反馈→A接受并反馈”的良性循环之中，你们的沟通才能顺利地进行并取得成效。

开端决定结果

回忆一下，你经常超越沟通过程而直接进入结论来结束你们的谈话吗？别急，因为对于多数人来说，都有过这种经历，只是人们还没有意识到罢了。

你一定知道“一天之计在于晨，一年之计在于春”的说法吧，没错，有个好的开头才会有好的结果，如果你问问身边的朋友，或者回忆一下自己的沟通经历，一定会有下面的情况——从一开始就没有什么实际内容和思想，结果浪费了很多时间，却没有得到想要的结果。那么，在沟通开始前，我们是不是应该计划一下如何开场，如何引出你的第一句或前两句呢。

答案是肯定的。但这并不是问题的最关键，问题的最关键是如何设计这个开场白，才能让沟通就此顺畅地进行下去？

最重要的是你必须清楚自己此次沟通的目的，要知道自己为什么要沟通，通过沟通自己想要达到什么效果，如何进行这次沟通。当你把这些事情捋顺之后，你就可以开始了。你可以在开口之前思考一下，试着用一两句话概括你的谈话目的和你打算如何进行。这样做可以帮助你朝着既定的目标发展而不转移话题，并且能够将别人的期望与你的期望结合在一起，避免你刚说几句话别人就产生防御心理而忽略了你要说的主要内容。

对于这样的说法，你可能抱有怀疑的态度或是仍然觉得无章可循，那么就看看这些人是怎么做的，看看他们的做法对你有没有一点启发。

界定范围

确定沟通中哪些是重点，哪些不是，比如一位经理在与下属的讨论会上说：

“今天我不想和你们谈论究竟谁的销售额最高，只是想说一说谁在顾客服务方面做得最好。”

回顾主要事件

有时候你要谈论的事情之前早就发生过，或是与之前的某件事有联系，那么可以说：

“比尔，我还是想和你谈谈关于女儿上学的问题。你还记得那次我们去学校咨询时老师说的话吧……”

阐明你的目的

提出你的期望，看其他人是否与你相似，或有什么差异。例如一位车间主任对负责生产的组长说：

“我现在想确认一下你们小组内进行讨论的结果和目前的计划，我想知道怎样从现在起更好地完成任务。李，你觉得怎么样？”

概括你的方式

有时候我们可能一次需要就几个问题进行沟通，所以有个方法就比较重要，比如：

“我建议我们今天从A开始，然后讨论B，如果还有多余的时间，可以继续讨论C。你们觉得怎么样？”

提出问题

把想要问的问题一一列出，并抓住你所掌握的主要事实和数据进行发问，如：

“罗斯，我现在要和你谈谈关于考勤的事。上半个月你迟到三次，早退两次。我很想知道究竟是什么原因导致这种情况？或者你自己有什么困难吗？我希望你说出来，然后我们一起来解决。”

这些方法看起来都不是很困难，但也并不是我们一下就能掌握的。所以，还得记住“熟能生巧”这个词。为此，你可以私下进行一些练习，你可以给自己设想几种场景：

1. 瓦尔是你们团队的一员，但他有个毛病，就是开会时总是交头接耳，这对你主持会议是个很大的干扰，并且会使他人的注意力分散，现在你需要和他谈谈这件事。

2. 皮埃尔是个很有才华的同事，他的任务就算晚一点开工也总能完成得很好，所以他经常延误。但不幸的是，你的工作常常需要他开始后才能开始，这样，他的延误就会影响你的工期。你走近他说……

3. 到现在已经有两个月的时间了，妻子（丈夫）对你十分冷淡，每天晚上除了睡觉再没有别的事情引起她（他）的兴趣。你感觉这里面一定有什么原因，你准备一探究竟。

4. 肖恩是你的上司，你作为某部门主管提出了一项有关提高效率的建议，你很希望得到他的支持，而且之前你已经与肖恩进行过相关讨论。但遗憾的是，肖恩是个优柔寡断的人，迟迟不能决定。现在，你希望能够加速他的决策过程，你希望能够就这个问题开个会，于是你准备对肖恩说……

5. 曼尼是你的助手，大体还算能干，但她常常由于大意出现一些失误。你曾经与她谈过两次（两个月前评估业绩时谈过一次，上个月又谈过一次），她当时总是很虚心地接受你的批评，并保证不再犯类似错误。但是，你发现这两次谈话并没有起到预期的效果，因为上个礼拜她又因为粗心记错了客户的电话。所以，你打算找她再谈一次，你该如何开场？

当然，这些并没有标准答案，你需要的是尽可能地让对方能够按照你的思路走下去，并且保证沟通的过程中两个人都能够心平气和，而不是怒目相向。

有效表达的方式

萨姆："今天晚上我们一定要去参加联谊会吗？"

简尼："怎么，你不想去吗？"

萨姆："没有，有时候觉得那种发言挺逗的，可是……说不清……这次还是威廉主持吗？"

简尼："你对他的主持有什么意见吗？"

萨姆："哦，没有，他挺好的。算了，我还是去吧。"

……

你想知道上面这个故事的结局是怎样的吗？和上次一样，萨姆又度过了一个沉闷乏味的夜晚，而威廉还是用他那种霸道的方法主持联谊会，而发言人又瓮声瓮气地唠叨了一阵子"多元文化意识"……

你也一定看出问题的根源了——没错，就是萨姆。如果萨姆能够有效表达自己的想法，或许能够说服简尼不要去参加联谊会，或者简尼也可以帮助他改进一下联谊会的方式。但实际上，简尼根本不知道萨姆的心里是怎么想的，所以也没有办法对他的需求做出反应。

这样看来，好的沟通的关键就在于如何在要紧的人物面前表达自己。当然，这种表达并不仅仅要你果断地说出自己的需要，更重要的是，你要如何清楚透彻地表达自己的内心世界。如果你总是在沟通中遭遇挫折，那么对这个问题一定非常迷茫，所以现在有必要告诉你一些有效表达的方法。

信息要直接

这是有效表达的首要条件，你不能想当然地认为别人一定能够了解你的心思，因为谁也不是你肚子里的蛔虫。但你可能并不认同这种说法，因为有时候“委婉”和“含蓄”常被人们看成是一种美好的品格。但这在沟通中并不奏效，“不直截了当”也许会让你付出巨大的代价。

霍金斯和艾米丽结婚15年后，艾米丽坚决提出了离婚，而霍金斯则抱怨说：

“她明知道我是多么爱她，这是明摆着的事，我没有必要把爱总是挂在嘴边。”

但事实并非如此。由于霍金斯从不表达自己对艾米丽的爱，使得艾米丽的感情逐渐冷淡。最初，艾米丽只是在和朋友聊天时感到自己并没有如同其他女人那样得到丈夫的重视，但后来逐渐变得抱怨和愤怒，最终导致艾米丽在心里产生了一种顽固的想法——他根本就不在乎我。

很显然，这样的结局是由于霍金斯爱妻子的信息不够直接造成的，他想当然地认为艾米丽一定了解他的心思。而实际上，如果想要一个良好的沟通，你应该假设人们在猜测心思方面并不在行，他们对你的内心活动一无所知，你必须明明白白地告诉他们你的所思所想。

或者在不能良好沟通的人中还有一种可能，他们知道什么时候需要沟通，但却很害怕这样做。于是，他们自作聪明地试图去暗示对方，或者告诉第三方，希望最终能够传到对方的耳朵里。但这种拐弯抹角的方法有很大的风险，因为暗示常常会被误解或忽视。比如你和爱人在看电视时，你希望他（她）能够偶尔和你聊聊天，于是你趁广告时间将电视的音量调低，但对方并不明白，他（她）的做法可能是拿起报纸看一看，或者找水果吃。至于“请”第三方转达则是最危险的，因为这样就加入了更多的你不可控制的因素，第三方既有可能歪曲你的意思，又有可能漏掉你的意思。即便第三方能够丝毫不差地将你的意愿传达给对方，也没有谁愿意间接地聆听你的失望或愤怒，哪怕是你的爱意对方也只能感觉到不足十分之一。

信息要即时

在第一时间向对方表达出你的感受是很明智的做法，因为这样就增加了人们根据你的需求做出相应调整的可能性。而且你在尽可能早的时间里让他（她）分享了你的信息，这说明你对他（她）是多么的重视，所以这也增加了你们之间的亲密感。

但如果你不这样做，尤其是当你有了某种情绪还压制在心里时，你的感受会逐渐恶化。你的愤怒郁积在心里，受挫的需求成了你心里长久的隐痛。而这样的情绪一定会在日后以某种微妙的或暗中较劲的方式表达出来。

曼尼就做过这样的傻事。那一次，公司组织中层领导旅游，但需要留下两名以便处理一些临时问题。曼尼和另一位中层领导被留下。这让曼尼心里充满了愤懑，她认为这是公司领导有意与她作对，而且这是看不起她的表现。但她当时没有表示任何不满，只是在心里一直闷闷不乐。但这并不是最终的结局，由于曼尼总是对此事耿耿于怀，所以她对待工作的态度也发生了变化：不再像以前那样积极主动，对于自己分内的事情也常常推三阻四，甚至对她的上司和其他同事都常常无理顶撞。在这样的情形下，公司几乎所有人都对她有了意见，日渐受到排挤的曼尼最后只得辞职了事。

信息要有激励性

这并不是说你的信息都得如同慷慨激昂的口号，而是说你发出的信息要能够让对方想继续听下去，至少不至于扭头就走。只有这样，你的信息才更容易被对方接受，就像给婴儿喂药一样，如果只是一味的苦，他们是绝不肯接受的；而如果你在药里加些糖，他们就会没那么抗拒，不至于强烈地反抗，然后药才能在他们身上发挥作用。所以，如果你不想让你的信息伤害到你的听众，就一定要甩掉以下几种坏习惯。

恶毒的评语。回想一下，你上次说别人笨、丑、自私、吝啬、卑鄙、无用时，他们是不是很快就与你结束谈话了呢？没错，这些评语极具杀伤力。如果你以这些评语信息输送给对方，就是以偏概全的人身攻击，而不是就事论事的沟通了。

挖苦的语言。有些人误以为挖苦是幽默的一种，但如果你采用挖苦的形式和朋友开玩笑，他们恐怕很难感受到你的幽默，相反他们会产生被蔑视的感觉，甚至可能激怒对方。我们可以打个比方，比如你的朋友穿了一件大红色的衣服，而这让她原本就黑黑的皮肤更加难看。这时你说：

“嘿，你竟然喜欢用红色把自己的脸映衬得像猪肝一样，实在太了不起了。”

毫无疑问，你的朋友一定不想再跟你说下去了，她可能会故作轻蔑地向你撇撇嘴，然后走开。但在她的心里却很不是滋味，她恨不得一拳把你打趴下。

否定性比较。你肯定也遭受过这样的比较，比如：

你怎么不如××懂事呢？

你的哥哥考试得了A，而你连B也得不到。

××的老公比你强多了。

天啊，你这个大学毕业生还不如小学生知道的多！

想想吧，你当时的心情有多不好，因为这不仅让你感到自己不怎么样，还让你感觉谁都比自己强。

威胁的语言。如果你想中断一场有意义的沟通，那就拿出这个撒手锏吧。因为威胁能够有效地改变话题，而且是朝着那些充满敌意的问题上迅速转向。比如你的一句“否则我就搬出去”“不然我就辞职”“你就等着挨揍吧”等，看起来不过短短几个字，但却有威力无比的破坏力，你们的沟通大多会就此了结。

现在你对有效表达是不是有了一点认同呢？当你能够很好地运用这几种方式后，你的沟通对象一定会对你刮目相看，他们会愿意和你一直说下去，而不仅仅针对当前需要沟通的问题，你们甚至会成为无话不谈的好朋友。

生动、清晰地选择自己的词汇

"赵，你接电话的方式太差劲了，所以从现在起你必须接受职业化的训练。"

"赵，我正在关注你接电话时的方式，我觉得有些不妥，希望你以后注意些。"

"赵，我注意到你接电话时讲话的速度很快，所以我担心有些顾客可能很难理解你所表述的东西，毕竟他们没有你那么了解我们的产品。"

——完全不同的效果，不是吗？

正如我们所知道的，对于任何信息来说，内容都比词汇重要。但这是不是说词汇就不重要了呢？当然不是，因为词汇是为内容服务的，如果词汇选择不好，再好的内容也会失去光泽。就好比一道凉菜——拍黄瓜，黄瓜是菜的内容，它自然重要，但你加多少盐也很关键，无论咸还是淡都会影响拌黄瓜的味道。

沟通中我们选用的词汇，无论是积极的、消极的，中性的、挑战的，清晰的、模糊的，礼貌的、粗鲁的，都会对我们的沟通效果产生影响。所以，必须学会选择。

比如开头的例子，假如这位"赵"就是你的下属，你发现她接电话时语速太快可能会给顾客留下不好的印象，如果你说：

"赵，你接电话的方式太差劲了，所以从现在起你必须接受职业化的训练。"

你用这样的词汇，赵肯定会感到不安，但这对于改变她接电话的方式可能没有丝毫作用。因为缺乏明确清晰的指导，对于赵来说是无益的。赵可能会想：

我怎么差劲了？我把产品的用途、性能、使用以及价格等所有的信息都尽可能全面地交代了，而且语气温和，怎么还需要培训呢？

那好，我们换一种词汇来沟通：

“赵，我正在关注你接电话时的方式，我觉得有些不妥，希望你以后注意些。”

如果你选择了“正在关注”和“有些不妥”，那么赵的心里一定不会那么气愤。但这还不够，如果赵自己找不到自己的问题，你的话仍然起不到作用。

所以，现在你要选择的词汇，既要让赵的心里感到舒服，还得让她明白问题的所在，你可以这样说：

“赵，我正在关注你接电话时的方式，我注意到你讲话的速度很快，所以我担心有些顾客可能很难理解你所表述的东西，毕竟他们没有你那么了解我们的产品。”

这里你用了“我”的语言，这会让赵不那么紧张，而且你为她提出了改进的建议，这样才有可能鼓励赵去更好地工作。

仔细分析这一过程你会发现：当我们企图去影响别人时，我们发出信息时所选用的词汇很容易变得蛮横、生硬或者威胁，从而会有相当大的概率出现沟通中的致命过失。

我们如何才能避免这种局面呢？

——谨慎地表达你的信息，并且试着用事实和中性的词汇，中性的、非判断性的语调传递给他们。

中性的词汇

现在先来仔细体会一下这几个词的不同感觉：

太时髦了——太受关注了

昙花一现——非常夺目

突然——迅速

不可靠——易变

混乱的思想——难懂

看到了吧，左边的词汇就让人感觉到否定的味道，而右边的词汇则是中性的、客观的，即使你表达同样的内容，使用不同的词汇也会有截然不同的效果。同样，你还可以看看这些说法：

这些数字简直是一堆垃圾，我需要更准确的数字。

你的建议没有一点用处，我不同意这个方案。

你真是又懒又没有责任感，这个月你已经迟到三次了，那么多工作等着你做，可你还在看报纸。

不要打断我说话，我正在讲话，请让我讲完。

你说话总是又臭又硬，我希望你说话的时候改一改语气。

别说了，我知道了我会注意的，放心好了。

当我们想要与他人说话，想要表达自己的不满时，我们总是有两种选择：选择一些情绪化的或暗示性的否定词汇；或者选择一些中性化的词汇。但是前者很容易激起对方的防御、憎恶甚至敌意，最终大家不欢而散，甚至导致一场冲突；而后者则能够让人更容易接受你的表达，也更能让人注意倾听，收集事实，并解决问题。所以，在你讲话之前尤其是在你感觉到自己由于某种原因有点气愤时，一定要想一想：

我要通过什么方式传达我的信息，才能避免令人泄气、防御，甚至敌意？答案是，使用中性的语言。

具体的词汇

“仁者见仁，智者见智”，有时候当我们运用一些词汇的时候，虽然我们自己觉得它的含义很清晰，但他人却未必理解它们的含义，有时甚至还会和我们的意思大相径庭。如果你还是觉得这个建议多此一举的话，那么我们可以举个简单的例子，比如“打击”一词，你可以花几分钟想一想，然后写下这个词对于你意味着什么。你可能会写出一种或者几种，但这并不算是让你惊奇的，因为在不同的人眼里，它可以有十几种意思，或者更多，比如：伏击、突击、抵制、用手轻拍、敲打、猛击、袭击、挫折等。

所以，词汇的运用有时可能会使交流变成一件不确定的事情。所以在选择词汇时，一定要用词清楚，你要选择那些能够清晰表达你的想法的词汇。研究发现，人们一时只能记住七条信息（有人可能少两条，有人可能多两条），所以，简单明了很重要。同时，要尽量完整，你可以通过询问或者观察来确定对方是否已经理解。如果你确定你的意思没有被理解，那么必须澄清它，不要留下让人猜测或者错误理解的机会。

另外，因为“行为产生行为”，所以，选择礼貌的词汇，能让对方心情愉悦，这也有助于他们更好地理解你的表达。

听听自己的声音

当你第一次听见自己的录音，是不是有些诧异？你的第一感觉一定是：这是我的声音吗？没错，那是你的声音，你一直以来就是在用这样的声音和别人交流……

在你与别人进行沟通的时候，有没有留意一下自己的声音呢？毫无疑问，大多数人都顾不上（甚至不知道还有这个必要）听一下自己的声音。其实，这是一个必须注意的问题。心理学家认为，一个人留给他人的第一印象中，声音就决定了38%；而当人们看不到你时，音质、音调、语速的变化和表达能力则决定了你魅力的85%。所以，如果你的声音够美，沟通起来可能会更加有效。

当然，我们中很少有人能够如同广播员一样，随时随地都可以幸运地“带着一个好听的大音箱”。改变声音似乎是不可能的，但我们可以提高声音的情感品质。先来看看下面这段话，然后充满感情地念。

丽莎，真不明白吗？我们两个人难道真是一不小心才走到这一步的？你仔细想想。我们在一起这么多年，每次吵架你都把话说绝了，一个脏字都不带，却总是说得我想去撞墙一了百了！吵完之后，你是舒服了，可你有没有想过我的感受？我感觉我们的感情就如同这一段楼梯，我已经灰头土脸地走到最下面了，你还站在最高的地方，我站在这下面，仰视你，仰视得脖子都断了，可是你从没往下踏出一步。难道全天下的人就只有你有自尊心吗？

念完了吗？感觉自己的声音是感情充沛的，还是像机械的钟摆声？你觉得听到这段话的人是被你的声音感动了，还是白你一眼说“哼唧什么呢”？不管怎样你可以给自己打个分，或者真的请一位听众来帮你判断一下，看看你自己的声音是不是能打动别人。

事实上，声音有很多属性，比如音质、音域等，这些是它的物理品质；同时，声音还有它的感染力，那就是它的情感品质。我们无法主宰自己声音的物理品质，但可以通过语速、音量、情感来构建自己声音的魅力。

首先来感觉一下自己的语速

我们常见一些人说话如同连珠炮，有的人快而清楚，有的人快而不清楚，但这都会使人感觉不知所云。因为说话快而导致咬字不清，当然不可取；那么，即使你有说话快而清楚的本领，也一样不足为法，因为你不能保证听你说话的人具有听得快的本事。

你得保证你说一句，对方就能听懂一句，不必再问你。你要知道，陌生人或者地位与你不等的人是不愿意请你一再重复的。另一方面，如果速度太慢，则表明你反应迟钝、过于谨慎。例如，有一位推销员，他发现自己经常无法把要说的话在限定的时间内说完，所以他的推销一直都很失败。

总的来说，你说话的速度没有必要比子弹还快，也没有必要像河马走路一样迟缓，重要的是你要保证顺畅无阻。这一点你得根据自己的实践经验慢慢总结积累，或者可以通过高声朗诵报纸上的文章来练习：先用铅笔将你认为要连贯的字词做个记号，朗读时，同时移动铅笔，引导你的声音。要是你觉得自己平常说话的速度太慢，就加快一些；要是太快，就放慢些。

再来听听自己的音量

有时候在火车里、汽车上，或是嘈杂的公共场所，或是在鞭炮声中，提高自己的声音来说话是不得已的，但这在平时绝不适合。试想一个柔和的黄昏，或是安静的晚上，或是舒服的沙发上，你以80分贝的声音与人交谈，该是多么的煞风景甚至让人讨厌啊。

艾拉身上就发生过这样的事情。

晚上六点，同事们都下班回家了，而艾拉由于第二天的会议正在办公室加班。这时，同事杰西回来拿东西。杰西进门就喊："哦，亲爱的，你还没走吗？"聚精会神的艾拉被吓了一跳，没好气地说："干吗这么大声啊，我又没拿你当哑巴！"

这样的回应让杰西很不爽，她立刻回敬道："真是不知好歹，热情的招呼竟然换来冷漠的抱怨。"

此后，两个人的关系迅速走向了冻结。

所以，说话时一定要明白，对方不是聋子。当然，也有人认为"理直"就必须"气壮"。当他们觉得自己想要说服别人或是与人争论的时候总不由得加大分贝。但事实上，语言的威慑力与声音的大小完全是两码事，而且声音过大只能迫使他人讨厌你说话。不过，你的音量得要保证对方能够听得清楚。研究表明，我们每个人说话的声音大小也都有一个特定的范围，试着发出各种音量大小不同的声音，并仔细听听，找到一种最为合适的音量。

最后看看情感到底够不够

情感是你用声音表达一切东西的基础。有了情感，哪怕是一个沙哑的声音，照样可以打动你的听众。正因如此，我们中很多人无意识的就会应用声音表达或是隐藏感情。除非是个情愿自闭的家伙，否则我们还是希望声音能够成为我们的沟通大使。但情感不是你一张嘴说话就会自动跑来的。很多人都知道徐志摩的《再别康桥》，甚至不少人早已背得滚瓜烂熟，可真正朗读起来，有些人的声音能让人心潮澎湃，有些人的声音却让人味同嚼蜡。这是因为有人用心体会了徐志摩的情感以及诗中的情境，并将自己置身于诗中，而有的人不过是随便一念罢了。

言语其实是两度创作的过程，是把自己的所想转变成声音，然后传递给他人，所以我们一定要去体会思维在进行一度创作时的感情，然后再用合适的外在呈现（如重音、停顿、连接、对象感、语流等）表达出来。你可以把这三个简单的句子做情境化的声音训练：1．我知道我不是一个好妻子（好丈夫）；2．现在才说晚了；3．他来找我借钱了。要求是，每句你都要用五种以上不同的情感和情绪来说。

如果你在说这几个句子时用心地渗入了不同的情感，你肯定能够感觉到自己的抑扬顿挫，尽管我们开始的时候往往做得不怎么好，但语调的变化的确是增加语言情感的必要方法。音乐里有极快、快、略快、慢、略慢和最慢的符号，还有极强、强、渐弱等强弱符号，所以，要想让自己的声音也如音乐般动听，就要在该快时快，该慢时慢，该高亢时高亢，该低沉时低沉。切忌流水般毫无变化的节奏，这是最容易让人疲倦的。

总之，沟通是双向的，我们不仅要能够听懂对方在说什么，也得知道自己是怎么说的，说得怎么样，只有这样沟通才能更顺畅、更有效。

直接表达“我”的意见

你听过别人说“人人都知道……”或是“我们都认为……”吧，虽然这样的话貌似很有力量，但它表明这条消息不是你的，即便你也这样认为，但你的思想还是被隐藏了。

你一定不止一次地听到别人说“谁都知道……”“大家都不愿意……”之类的话，这些话看似有很多人为你作证，但实际上它所表达的并不是你的信息，而是所谓的“人人”或者“大家”，这之中虽然也包括你，但你只占到了微不足道的一小部分，所以与你谈话的人对这句话并不会太重视。

所以，给予正确的信息一个重要的技巧就是要直截了当地以第一人称“我”的形式来表达自己的观点，这是一种自信的表现，同时也能帮助你清晰地、直接地进行交流。比如海勒就曾和自己的妻子有过这样一次谈话。晚上下班前，海勒给妻子打了个电话，他们的对话是这样的：

“亲爱的，干嘛呢？”

“我正在打扫卫生，一会儿准备晚饭。”

“哦，今天是冬至，大家都嚷嚷着要吃饺子呢。”

“是吗？还有这个说法？我都不知道。”

“当然有了，这里还有个故事呢，据说……”

“好了，亲爱的，回来再给我讲故事吧，我要收拾厨房了。”

你觉得今天晚上海勒能吃到饺子吗？如果海勒的妻子是个善于揣摩人心思的女人，她听到海勒这样说或许会问：“你也想吃饺子吗？”这样海勒是很有希望吃到饺子的。但不幸的是，海勒的妻子并不是个心思细腻的女人，她早就盘算好了，晚上要吃寿司，所以当听到海勒说“大家都嚷嚷着要吃饺子”以及海勒用“还有个故事”来佐证时，根本就当是海勒听了一堆闲话和自己随便聊聊。

我们可以做个简单的假设，如果海勒直接对妻子说：

“亲爱的，今天是冬至，大家都说要吃饺子，我希望我们今天也吃饺子。”

“为什么冬至就要吃饺子呢？”

“这里有个故事呢，据说……”

“是吗？”

“是的，所以今天吃饺子很有纪念意义。”

当海勒这样说完后，妻子一定不会毫不理会地说“我要收拾厨房了”。

所以你得有自己的信息，不要总是把自己的思想和见解藏在别人的思想和见解之后。你得学会说“我认为……”“我希望……”，这说明这是你所拥有的信息，明确表达的是你的观点。

不过，拥有信息和表达信息并不会同时产生，在你拥有了自己的信息后还要会表达。这个说起来并不难，就是要求你明确清晰地用“我”这个第一人称。但实际上，还有一部分人喜欢用“我们”，比如“我们觉得……”“我们认为……”“我们希望……”等，如果你不是代表官方对大家讲话，那么这种说法虽然明确包括自己在内，但仍是隐藏自己的观点的做法。

除此之外，很多人都爱犯的另外一个错误，就是用一些虚伪的问题来表达自己的观点，而且这种表现随处可见。这些问题大致有六类，它们分别是：

1. 压制性问题。如，“你不认为……吗？”“……，不是吗？”“难道你真愿意……吗？”这样的问题虽然看起来是在给对方表达的机会，但实际上却在表达你自己的观点，如“我认为……”“就是……样的”“你没有理由不愿意”等。这种提问方式会使对方的答案限制在狭窄的范围内，你可以想象被人关进牢笼无法挣脱时的感受，大概就是这样。

2. 揭短式问题。如，“你不是说……吗?”“呀，你什么时候进来的……”“你好像说过你喜欢……吧？”这类问题或是间接地指出别人的弱点，或是揭露别人的错误，当然不会利于沟通，甚至引起对方的反感。

3. 隐蔽式问题。如“你想去哪里玩?”“你觉得今天吃饺子可以吗？”这类问题看似是在征求别人的意见，其实真正的意思是“我要去哪儿”“我觉得今天应该吃饺子”，但别人很难领会到。隐蔽式的提问很难达到预期的效果，因为对方很可能说出与你不一样的答案，这时你就需要另费精神了。

4. 臆测性问题。这真是一种鬼鬼祟祟的问题，简直就是暗地里逼迫他人说出自己的观点，比如：“如果你负责，你也不会那么做吧？”其实，我们真正的意思是：这里我负责，所以就要这样做。

5. 引导性问题。如，“如果我提供给你这份工作，你接受吗?”“关于这个方案，你还有问题吗?”“宝贝，你觉得是爸爸爱你，还是妈妈爱你呢？”引导性问题实际上暗示了你要寻找的答案，受到暗示的人可能会由于勇敢，或是因为愚笨，或是为了讨好你而给出违心的答案。

6. 多重问题。如，“你觉得我调到你们部门去合适吗？你们部门怎么样？大家都很友好吗？主管不会太苛刻吧？我调动工作的事要征得我爸妈的同意吗？”如果你这样提问，通常只能得到最后一个问题的答案，因为这会让人迷惑，不知道该从何说起，所以大部分问题就被忽略了。

总的来说，这些貌似问题的问题不但不能正确发出你自己的信息，反而会让对方感觉不舒服，甚至进入防卫状态。此时，你们之间已经不再是沟通，而演变成了一场猜谜游戏，充满防御、不真实和猜测。

所以，“我”的意见非常关键，直接说出来和拐弯抹角地表达绝对不是一样的效果。如果你希望对方能够正确理解你的意思，那么就坚持用第一人称“我”来表达自己的意思吧。

学会表达感受，沟通效果会更好

心理学家罗洛·梅认为：成熟的人十分敏锐，就像听交响乐的不同乐章，不论是热情奔放，还是柔和缓慢，他都能体察到细微的起伏。但遗憾的是，大多数人的感受都那样单调。

你不得不承认，很多时候你都不能表达自己的感受，而只是一味地说出自己的看法。换句话说，你说的那些话不是你的心里话，你没能正确地表达自己。

你对这样的说法有点不服气吗？来试试吧。假如晚上九点钟你正在专心致志地看你最爱看的电视节目，隔壁房间里突然传来了巨大的冲击钻的声音（他们正在装修），然后你会对身边的人说什么呢？如果没猜错的话，你脱口而出的话可能是这样的：

1. “讨厌死了！连电视也看不好！”
2. “谁家大半夜的还在装修！太没有公德心了！”

当然你还可能说一些其他的话，但你发现了吗？——这些都不是你的感受。而当你气鼓鼓地找到隔壁，希望他们马上停工时又会说些什么呢？

1. “对不起，现在是晚上，按规定你们不能在晚上装修。”

2. “请你们马上停工，这样做太打扰别人了。”

很明显，你对此事有强烈的感受，但可惜的是，你自己并没有注意自己的感受，更不用说向对方表达出来了。当然，体会和表达自己的感受并不是容易的事。

你可能并不关心这些，你现在想知道的是——表达感受很重要吗？没错，非常重要，这特别有助于你说出自己的真实体会，也有助于让人们更好地了解你，而不是引起一场“战争”。

我们来看看卡罗尼的事。卡罗尼是一位家庭主妇，平时总是一个人在家。一次，她和丈夫一起去看一场电影。但是，丈夫却始终没有表现出对电影的任何感受。卡罗尼抱怨说：

“我觉得我嫁给了一堵墙。”

如果你是一位女性，也可能很理解卡罗尼的这种说法。但这种话很难提醒她的丈夫留意她的愿望。相反，此时她的丈夫感觉自己受到了指责，所以变得很不愉快。结果，他现在更加不愿意和卡罗尼说话了。

实际上，卡罗尼的丈夫的确有些木讷，所以卡罗尼的确感觉生活有些枯燥和乏味。但是，她的表达是错误的。我们假设卡罗尼采用了另外一种表达方式——说出自己的感受，看看效果有什么不同。

“我有时候觉得很孤单，尤其是在一个人的时候，我盼望着你早点回家和我说说话，我也希望你能够多体贴我。”

比较一下，哪一种效果会更好呢？你应该有一个判断了吧。但有时候我们总是不能区分感受和想法。比如你是一位小提琴手，但是拉得不怎么样，现在来表达一下自己的感受吧。如果你说“我觉得我拉得不好”，那么你就错了，这是你对自己的评价而不是感受，你真正的感受应该是“我拉小提琴时会有些郁闷”或者“作为小提琴手，我感觉很烦”。

有时候，虽然我们说“我觉得”，但却并非在表达感受，而是想法，比如“我觉得不公平”“我觉得你应该知道”“我觉得她很卑鄙”，这些话中，将“我觉得”换成“我认为”或许更合适。另外，还有一些词也是想法而非感受，如被抛弃、被误解、不受重视、无人理睬、无人赏识、被贬低等。这些实际上都是自己认为的事情，而不是感受。

所以，为了很好地沟通情感，清晰地表达感受，你需要累积一些表达感受的词汇。

关于那些危险的信息

"非常抱歉，玛塔，人们不喜欢和你一起工作。我们希望你离开这个团队。"

在要说出那些容易让人生气的信息时，最糟糕的对话者往往就是这么鲁莽地把他们的意见倒出来。

当面对危险信息（包含微妙的、不受欢迎的信息）时，我们可以将发出信息的人群分为以下三类：

1. 最糟糕的对话者。他们常常会鲁莽地说出那些不招人待见的危险信息，比如他们可能会自以为很委婉地说："我知道我说这些话可能会让你不高兴，但是，必须有人告诉你……"这种说法看起来似乎很婉转而且仿佛是出于不得已，但实际上是犯了典型的"非A则B"的错误。此外，还有一种糟糕的表现就是保持沉默。

2. 较好的对话者。说他们较好，是因为他们担心这些危险信息会破坏良好的关系，所以当他们说出这些话时，会因为害怕伤害对方而有意识地降低谈话的激烈程度。也就是说，他们在说出信息的同时，给信息包上了一层糖衣。

3. 最好的对话者。最好的对话者能够完全说出自己的心里话，重要的是，他们在说出危险信息的时候不会让人感到不安全，并能够使对方做出回应。他们既能坦诚地说出信息，又能对对方保持足够的尊重。

实际上任何人都希望能够诚实地讲话，但在一些危险信息面前，诚实往往容易伤害别人。所以，我们需要找到一种能够维护安全形式的方式。你也许会怀疑，但这一点是能够做到的，只要你能够把三种因素——信心、谦虚和技巧——巧妙地结合在一起。

信心

你千万别误会，对于危险信息的信心可不是要你理直气壮地用某种自信的语气来说，而是说你应该有信心对该听到这些话的人说出危险信息。比如布莱恩会在晚上下班回家后和他的妻子谈论自己的老板对他管得太细；有时候，在吃午饭的时候布莱恩也会对自己的某些同事说起这些话。他知道，他对这些人谈论自己的老板不会伤害其他人，这也包括他自己在内。

谦虚

你要注意一件事——信心并不等于傲慢或者固执，你最好不要自顾自地唠叨。最好的对话者不仅能够完全表达出自己的想法，他们还意识到别人也会有有价值的信息。他们很明白，自己的观点只是一个开始，并不是最后的结论。所以，当你想要说出一些危险信息时，最好保持谦虚的态度，能够给对方也留出一些机会来表达他们的看法，而不是自己唱独角戏。

技巧

那些愿意说出微妙信息（即危险信息）的人总是做得很好，他们不会做“非A则B”的简单选择，因为他们找到了一种既能够坦诚说出自己的想法，又能维护安全形势的方法。当他们把那些如同炸弹一样危险的话说出来时，人们不仅没有感到不安，甚至还会感激于他们的坦诚。

当你看完这三点后一定会产生一个疑问：这几点似乎只适用于把危险信息说给其他人的情况，而不是真正的利害关系人。

没错，你的想法完全正确。但我们并不是只讲悄悄话就可以了，很多时候我们不得不将这些危险信息直接传递给某人，我们需要与一些人“当面锣对面鼓”地说清楚。那么，现在要怎么样才能既说出你的观点又不会伤害别人的情感呢？先来看个故事吧。

鲍勃下班刚一进屋，妻子就眼睛红红地指着他说：“你怎么能这样对我？你怎么能做出那种事？”鲍勃感觉自己很无辜，他不知道自己做了什么让妻子如此愤怒，但妻子觉得他做了。

那么，鲍勃的妻子是如何得出这个危险的结论的呢？原来是下午她在为鲍勃洗衣服时，从鲍勃的衣服口袋里找到了一张酒店的结账单。而这家酒店就在距离她家不足三公里的地方，离家只有两个街口。“他为什么会住在离家这么近的酒店里呢？”她很奇怪，然后她想来想去，最终得出了一个结论——这个不忠的混蛋！

在这种构思下，她完全忘记了事实，她只是在讲述自己的“故事”，并以此指责鲍勃。最后，被指责得体无完肤又毫不知情的鲍勃终于爆发了……

事实上，妻子对鲍勃的指责并没有确凿的事实，她手里的“证据”不过是一张纸以及上面的一些字而已。也就是说，妻子并没有从事实出发，这是要比说出危险信息还要危险一百倍的事情。

如果鲍勃的妻子从事实开始，而不是从自己编造的故事开始，那么结果会怎样呢？会不会是一条更安全的道路呢？一点没错，如果她能够从事实开始就对了。但不幸的是，当我们的肾上腺素分泌过量时，我们总是倾向于采取完全错误的举动。我们会被自己的感情或故事完全控制，并从这里而不是事实开始谈话。

现在，我们已经得出了非常明确的答案——从事实开始。这是最安全的方法，因为从本质上来说，大家对事实的认识都是相同的，比如你的老板对你说：“这个月你已经迟到四次了。”你会觉得很羞愧，因为你的确已经迟到四次了。但如果他对你说：“你真是个不守时的人。”你会有什么感觉呢？是不是感觉他说的根本就不是事实，而是在侮辱你呢？反过来想想也是一样，当你要对一个关键人物说出一些可能会伤害他的危险信息时，你最好从事实出发。

现在回到布莱恩的故事中。布莱恩与妻子，或是他的伙伴们谈论关于老板对他管束太细的事情似乎没有什么要紧。关键是布莱恩现在已经忍受到了极限，他希望找他的老板说一说这件事。现在先用大多数人的思维来假设一下布莱恩的开场白吧，很多人可能会表现得很客气地说：

“费南先生，我想和你谈一谈你的管理方式的问题。我感觉你对我管得太细了，这让我感觉很不舒服。”

如果这样说，费南先生会怎么样呢？他一定会说：

“是吗？我不过是对你的工作多问了几次，可你竟然说我……”

费南先生倒不一定多么气愤地说出这些话，但是他的心里一定很生气。

所以布莱恩并没有这样说，他很聪明，他是从事实开始的：

“我想和你说说一些事情。从我在这儿工作开始，你规定我每天和你见两次面，这比其他的人都要多。另外，我每次要在报告中写入意见的时候，总是要通过你知道才行。”

——他说的全部都是事实。

“你觉得有什么不好吗？”

“我只是不太确定你的意思，我有时候感觉你似乎不太信任我。或许你觉得我不能胜任工作，或者会给你带来什么麻烦，是这样吗？”

——他又说出了一个可能的故事，并且他没有把这个可能的故事说得如同事实一般。

“我想这可能是个误会，实际上我只是想在你的项目没有做得太多的时候能够及时给你一点我的建议。你知道，上一个和我一起工作的人总是带着快要完成的项目来找我，可是结果我们总是会发现有些关键点漏掉了，最后不得不重新来做。我只是要避免这种情况的发生而已。”

所以，从事实开始是最安全的方式。这样可以让你的听众从开始到结尾经历一遍你经历过的事，让别人以你的眼光来看看你的经历，这样，当你说出你比较危险的结论信息时，他们就不会那么诧异或者愤怒了。

第五章 准确接收

听，听，听

这是一项艰难的工作，当你真正做到了倾听时，你的血压会增高，体温会上升，脉搏会加快……这些都是胜利反应，就好像你刚刚跑完两里地一样。

仔细回想一下，第一次听到有人说“上帝给了我们两只耳朵，一张嘴，实际上就是在告诉我们要少说多听”时那种强烈的认同感。然后，再来看看现实生活中，那些被认为有魅力的人有几个是喋喋不休的呢？所以，很多沟通高手不是口若悬河、滔滔不绝的人，而是那些少说话、懂倾听的人。

你可能会说，既然是沟通和交流，不说话怎么行呢？如果大家都不说话，四只眼睛相互瞪着，有什么意思呢？这样说没错。但你不可否认的是，那些在交谈中很少说话的人，往往能得到肯定，原因就在于他们在认真倾听时明白了对方的心思，所以他们说出的每一句话都有的放矢、正中要害。

你可能觉得这些都是空洞的理论，并不能说明实际问题，那么你可以想一下自己或者问一下自己身边的朋友在参加一场晚宴时所经历的场景，大致说来都会有这样的经历。

席间气氛非常热烈，有人在讲逸闻趣事，有人在炫耀自己的升职，或者也有一些人在抱怨……每个人似乎都在急于表现自己，急于将自己的故事或想法表达出来。接着，有一个人（或许是你，或许是别人）会发现，这么多人竟然没有人注意倾听。这个伟大的发现者还发现人们讲话时，眼神飘忽不定，每个人都好像在心里演练自己要说的话，而顾不得旁边的人说什么。这样的场景达成了另外一种默契——如果你不听我讲话，那么我也不愿意当你的听众。最后，晚宴成功结束，但回到家时，人们彼此依然毫无了解。

的确，不懂得倾听是危险的！因为你会错过很多重要的信息，也没有办法预见即将发生的问题。而当你想要知道他人做某事的原因时，你就不得不揣摩对方的心思，以弥补没有倾听的过错。

但如果你是一位善于倾听的人，你会发现自己对别人具有多么大的吸引力：朋友信赖你，友谊与日俱增；成功来得更容易，因为你知道什么是人们想要的；你更容易交好运，因为人们都欣赏你，愿意与你分享好消息……

看在容易交好运的份儿上，可能大多数人都不会拒绝倾听了，但如果你仅仅有听的打算是不够的，你必须全身心地投入。如果你幸运地具有不用任何技巧就能够进入真正的倾听状态的能力，那么恭喜你。但是，对于绝大多数人来说，倾听是一种复杂的技巧，并需要反复实践。下面就是几种非常实用的积极倾听的技巧。

解释他的话

有时候虽然很认真地听了，但却不能肯定对方的意思，这时你就可以用你自己的词汇来解释一下对方的内容，以便检查你的理解是否准确。

惠：这样的工作真是没法做了，我每天加班加点，拼了命地按时完成任务，但人们总是和我唱反调。

兰：你一定觉得很失望，你这样努力还是没有得到足够的支持。

惠：是啊，就是这样，我简直受不了了……

反射他的感觉

如果与你沟通的人表现出了某种情感或者感觉，尤其是当这种感觉很情绪化时，就是你需要反射他的感觉的时候了。

惠：我感觉太憋屈了，这项预算非常不精确，我花费了大量的时间来熟悉它们，发现错误，然而我自己的工作却耽误了。

兰：这的确让人心里不舒服。

惠：原本这项工作并不该由我处理，我只是帮×××一个忙而已，结果却是这样。

兰：我很理解你的心情，如果是我，我也会觉得烦。

整理他的意思

如果你做到了倾听，那么你一定能够知道对方在说什么，所以不时地概括一下对方所说的内容，既能让你继续保持良好的倾听，也能让对方感到受重视，从而使沟通更加顺利。

惠：你不在的这段时间咱们办公室发生了很多事情，李被车撞了一下，休息了一周；王得了感冒，连续三四天都是昏昏沉沉的。还有你走时给我的那个文件，不知道被谁弄丢了两页……你回来真是让我太高兴了。

兰：看来这段日子你的工作量不小啊，而且直到现在一直都在忙碌，对吗?

惠：唉，要是他们都像你一样理解我，就算累点也值了。

大胆设想

你也可以大胆地设想自己就是对方，然后从他的角度来说说你的设想。

惠：昨天买鞋抽奖，中了一等奖，可以以一折的优惠价格购买玉石。

兰：恐怕这件事得仔细考察一下吧。

惠：我感觉不像是骗子，他们有鉴定证书，而且长期在那个商场……

兰：可是证书要做假并不难……

惠：是吗？可是……

兰：如果我是你，我不会马上掏腰包购买，我会到网上查一查这家店的来头和信誉。

惠：嗯，你说得很对，我马上就去查。

积极倾听的技巧需要反复实践和不断努力，你不一定在任何时候都运用积极倾听的方法，但如果你希望获得更多的信息，或者发生冲突时，或者想要支持某人时，或者在某种情绪化的场合下，使用积极倾听的技巧将会对你的沟通产生非同凡响的效果。通过反复的实践，你的倾听技巧将会得到改进，但是你需要记住的是，倾听技巧是无止境的，如果你一直坚持自我训练，那么你就可以不断提高层次，并且最终你会觉得自己的努力是非常值得的。

面对不善言辞者更要耐心倾听

"哦，我知道了，你是说……"

"好了，我明白你的意思了……"

"你在说什么？我怎么越听越糊涂了……"

在面对一个不太会说话的人时，你是不是常有这样的反应呢？

儿童研究专家称，父母对于不善言辞的孩子都感到十分困惑，他们无不希望尽早找到解决途径以帮助孩子。但在这件事情上，他们又往往适得其反。比如，一个孩子对他的妈妈说：

"妈妈，肚子。"

妈妈看了看自己的肚子，又看了看孩子的肚子，没有发现哪里不对劲，于是对孩子说："肚子没事啊，怎么了？"

但孩子还是说"妈妈，肚子"，同时用手指了指自己的肚子。妈妈感到很疑惑，有点不耐烦，对孩子说："肚子到底怎么了？你倒是说呀，是肚子疼，还是肚子饿了？或者是肚子不舒服？……哦，你是要穿上背心吗？"

在听到妈妈这么一连串的猜测和抱怨后，孩子显然已经不知所措，他更加不知道该说什么了。现在孩子的大脑里在思考的是另一件事——我该说什么呢？我要怎么说妈妈才不会生气呢？

不要以为你为了让孩子表达得更清楚给出几个选项让孩子选择会更好，实际上你已经剥夺了孩子说话的权利。所以，儿童专家认为，最好的解决方法就是“好好听孩子说话”。

实际上，不善言辞并不是孩子们的专利，很多成年人也有同样的问题。他们可能磨磨唧唧说了半天，你都没有听明白，或者你觉得自己三言两语就能说清楚的事，他们却支支吾吾地找不到一个准确的词。

你该怎么办呢？——要像对待孩子一样，好好听他们说话。

你要知道，大部分不善言辞的人都有自卑感，你不需要用任何手段（包括讥讽、不耐烦、追问、替他们说出来等）表达他们的这个弱点，他们自己也知道。所以，他们会由于没有信心与人交谈而拼命避开谈话机会。当然，越是这样，他们的表达能力就会变得越低。

这样说来，他们到最后会不会变成哑巴或者根本就不开口了呢？这样的事情几乎没有，因为他们总是能够遇到一些懂得如何倾听他们说话的人给予他们一些信心，比如——你。如果你发现你的身边有这样的人，你也一定会尽力帮助他们的，因为这不仅对不善言辞的人来说是一件幸运的事，对于你自己来说也使得你和他们之间的沟通更为舒畅和有效。

当然，为了达到这个目的，你需要做一些努力——你要能够做到绝对安静而不可焦躁。原因是你如果太着急或者中途总是插嘴试图帮助他们完成说话，会导致他们的头脑混乱而更加词不达意。所以，无论如何你要耐心听完。但话又说回来，如果你在十分钟之内只是让对方支支吾吾或是碎碎末末地随意表达，而你自己却闷声不响的话，也不是好方法，因为这会让说话者觉得自己说的话对于你来说都是废话，而无法继续说下去。

比较好的做法是，你不要过多地插嘴或是表现得不耐烦，你在绝对耐心倾听的同时可以适当地点头或是以“嗯”等词作为回应和肯定，也就是说你需要利用态度来表示自己是感兴趣的。这样，将更有利于对方运用语言来表达他的想法和观点，或者对事件的描述。总之，只要你诚恳地接纳对方，用心听他说话，适当关心，就算对方真的不善言辞也一定能够和你有一个不错的交流。

记住交谈的重点

你肯定听过演讲，也听过领导讲话，当然也总是不断地与各种人群进行交流，但是，你能保证每次听完他们的长篇大论后都知道重点是什么吗？

现在就来想一想，你上一次去听演讲的情形。那时，你是不是差不多耗费了将近一个小时的时间在听一个人喋喋不休地说着什么？可是现在，或者当时你真正记住的有多少呢？可以肯定，你不能记住全部内容，但如果你懂得一些技巧，那么你可以掌握重点，而不会让那些讲话中的“小插曲”或是一些无用的话占用你的大脑。

但这并不是容易的事。举例说来，假设这次谈话的内容有十个重点，那么从第一个重点开始，你就要拼命记在脑袋里，结果可能是你的确记住了第一个，但却由于把心思用在了记忆第一个重点上而没有听见第二个重点，即使你记住了第二个重点，也未必就能跟得上第三个、第四个、第五个……这不是你不够用心，而是我们的短期记忆能力有限。有时，前两个重点我们勉强记下，但到了谈话的最后，以为记住的重点却已经忘光了。

怎么办呢？

如果你面对的是一场非常重要的沟通，假设有可能让你用笔来记录的话，那当然是再好不过了。你可以用笔记录下你们谈话的重点，切记是重点，不是全部，毕竟我们不是录音机。你只要记住那些与你的沟通目的有重要关系的事情，所以，你时刻都要知道你们沟通的目的是什么。而其他的，比如你们在沟通期间开了个玩笑，或是有些无关痛痒的话，则没必要花费精力。

如果没有猜错的话，你现在一定提出了一个反对意见：

“我们不可能在所有的沟通场合拿出一支笔来进行记录，这时怎么办呢？”

这是一个很现实的问题，因为我们是不可能随时拿着笔来记录别人说话的，这样做既不方便也会给对方造成压力，从而可能会影响沟通的安全，所以这并不是明智的选择。而明智的选择是什么呢？

——是让你的神经敏感起来，且只对重点的内容敏感。现在我们来看个例子。

周一早上，你的主管这样说道：

“上周二早晨，我参加预算会议，结果发现我们的预算有不少问题。所以，明天我需要你帮助我重新做一遍预算。”

但有个问题，你的主管把日期说错了，开预算会议不是周二，而是周三，于是你开始在心里想：会议明明是周三早晨开的，身为主管竟然连这个也记不住。结果你因为这个细枝末节分散了注意力，没有听到他说你们的预算有问题，而且需要你明天帮他重新做预算。

这是让我们丢掉重点的一种情况。还有一种情况，就是有些人在说话时总是牵扯到很多毫不相干的事情，你要辨认出他们并不难，难的是应对他们，也就是从他们那一大堆毫无意义的话中挑出几句有用的话。这得需要你动点脑筋，下点功夫。

在你一听见那些无关紧要的话时就要敏感地告诉自己：我不需要知道这些无谓的细节。这样，由于你的心里有了准备，对那些不相干的话就不会太过注意。

但是另一个问题随之而来——我们丢弃不相干的话题，也可能会漏掉重要的细节。就好比你要淘米一样，你将淘米水倒出来就好比淘汰掉那些没用的细枝末节，但同时你要注意别让大米也跟着掉出去，所以你仍然要小心。现在我们就来证实一下这样做的效果如何。假定你的一位同事前一阵子被公司派到某地出席一个展会，现在你需要与他沟通一下展会的具体情况，以便做出进一步的销售计划。但这位同事有个毛病，就是说话漫无边际，所以你在他还没开口之前就这样告诉自己：

我需要的是有关展会的情况，其他的对我来说毫无用处，我不需要动什么心思。

现在这位同事开始口若悬河地和你讲述有关展会的事情：

“这次展会可真是太好了，我之前参加的所有展会都没有这次这么难忘。先告诉你一个值得你记住的事情，在展会大楼的旁边，有一家餐馆，既干净卫生又富有格调，更重要的是，那里的菜品几乎每一道都是极品，那天我要了一盘小虾、一个狮子头，还有一个凉菜，对了，我在等菜的时候他们还送了我一个冰激凌，那个味道真是好得不得了……还有啊，你知道我出来的时候遇见谁了吗？我们的总经理秘书，当时我一眼就看见了他……”

如果你已经像刚才说的那样做好了心理准备，那么对这样一堆毫无意义的话就不会想得太多，而是会一心等待最重要的那一部分。但如果你没有心理防备，你就可能一边听他天南海北地胡扯，一边在心里嘀咕各种事情，比如：

总经理秘书怎么跑到那儿去了？莫非他有什么事？

那个餐厅有那么好吗？以前从来没听说过，不过如果真像他说的那样，改天我也去看看。

冰激凌？我的女儿最喜欢吃了，不过她的牙齿最近不太好……

没错，想着想着你的心就偏离了主题，等到你的注意力再次回到主题上时，可能已经过了两分钟了，而在这两分钟里，那位同事可能已经把展会的情况说完了。

所以，你要学会如何看待这些细枝末节。

秘书的事情以后再说，至于午餐和冰激凌，这与展会都没有关系，我没必要多想。

如果你总能在第一时间告诉自己这些事情，并用心倾听，就能抛开这些无谓的细节，不再胡思乱想，而是能够只听那些重点的有用的东西。

其实，并非只有你的这位同事这样，我们也常常会犯这样的错误，我们原本也不想说错，或说那些没有用的细枝末节，但我们却毫不知觉地说了起来。所以，我们在避免被别人的细枝末节打扰时，也要尽量注意自己不要成为那样的人。

有“主见”地接收信息

A对你说：“经理，这份报表太乱了，我昨天加班到晚上10点才完成。”

B对你说：“王，我昨天听说一家餐馆特别好，改天我请你。”

C对你说：“那次流星雨特别壮观，每次划过的流星至少几百颗！”

D对你说：“这件事我只告诉了你，你可别告诉别人。”

……

所有这些话你是信，还是不信？

这一节我们先来看看杜塞的故事。

杜塞是一家知名公司的董事长，他从一个小职员开始，不断努力打拼，最终开辟了自己的一片天地。那一年，他28岁，成立了属于自己的商贸公司。最初的时候杜塞凭着自己的不懈努力争取了很多大客户，生意很不错。

但不幸的是仅仅五年的时间，他的商贸公司就宣布破产了。很多人感到惋惜：这样一个白手起家的老板竟然在短短的五年之间就再次走向了起点。

杜塞的不幸和其他原因都没有关系，只来因为自己与员工的沟通出现了障碍。由于杜塞是白手起家，所以对待下属的要求特别严格。长此以往，属下为了避免被杜塞训斥，便经常隐瞒实情，对他报喜不报忧。比如，他的销售部经理会说：“今年的业绩肯定要比去年增长30%，这一点问题都没有。”

他的技术部经理会说：“我想我们的产品在技术上绝对处于领先优势，市场上能够与我们抗衡的不过几家公司。”

而他的客服部经理会说：“我们总是在第一时间给客户最满意的解决方案，所以客户对我们都非常满意”……

像上面这种情形，在杜塞的公司经理会上总是频繁上演，而杜塞则自认为经理们的话全是真的。

但不幸的是，当杜塞发现这些话并不可靠时，公司已经面临着重大危机。

故事就说到这里。现在我们来看看问题出在了哪里，你或许瞬间会想到那些“别有用心”的下属，不能如实向老板汇报情况，这的确是个原因，但却不是问题的全部，或者说这不是问题的主要原因。

主要原因是什么呢？是杜塞。

他在面对下属的报告或陈述时简直太过盲目，他竟然百分之百地相信他们所说的话，他无法区分报告中的“真实性”与“主观性”。

事实上，我们每个人都如同杜塞一样，经常会遭遇这种情况。所以，面对说话的人，你得学会把他的话一半当作事实，一半当作主观。简单说，就是不能全信，也不能不信，你得有自己的“主见”。

注意真实性

你已经看到了，很多人由于各种原因，比如杜塞的下属为了逃避责骂，或者有人为了显示自己的能力，或者有人为了其他各种目的，在说话的时候难免会掺杂主观的成分。这就需要你注意其中的真实性。你得想办法从对方的谈话中确定他的话是否可靠，如果你无法区分真伪的话，那么你不妨让他提出证据，这样虽然看似有点无情，但能保证你获取信息的准确性。当然，这样做也未必就会得罪人，你完全可以说得委婉一点。

当然，如果你只是和朋友闲聊，那大可不必介意是真是假，不管天南海北，随他怎么忽悠吧。但如果是重要的事情，比如工作，就一定要让对方说清楚，以便你掌握最真实的内容。

预防先入为主

“先入为主”这个词你一定很熟悉，也一定经历过，比如有人和你说新来的同事曾经有过三次失败的婚姻。于是，当他和某位女同事有点小摩擦（事实上，你也一样会和这位女同事有摩擦）时，你就会想：

果然是个情商很低的家伙，动不动就和人吵架，难怪……

总之，你在听别人说话的时候得有自己的主见，大可以一半当事实，一半当主观；同时，你要学会抛下以往有关这件事或这个人的所有信息，以保证你能够以客观的角度来分析他的语言。

提问恰当，交流更顺畅

如果你想从别人的嘴里得到更多的信息，就学会提问吧。

你一定遇到过这种情况吧，有时候和人交谈了半天，却不知道对方想说的是什么，甚至都听不明白他在说什么。这就好比是对着一台信号不好的收音机，虽然它说个不停，可你根本就没有接收到有用的信息。这时你会怎么办呢？要么换个频道，要么摆弄摆弄天线，实在弄不好，干脆关掉收音机。但如果你面对的是你的亲朋好友，甚至你的上司或者客户，“关机”恐怕是不行的。你能做的就是通过询问问题来寻找线索、挖掘细节，以便确定讲话者的需求、希望和恐惧。

当然，询问问题要有几分艺术。而我们大多数人在无法正确领会讲话者的意思时，往往会提出一些无用的问题，比如在上一章我们提到的“直接表达‘我’的意见”一节里所说的那些问题。除此之外，还有一些问题对于你获得更多的信息也没有帮助，比如封闭式问题。封闭式问题总是会将对方的答案限定在很小的范围内，这对于你获取到更多的信息当然没有好处。比如：

你喜欢什么动物？狗。

你还有什么问题吗？没有。

你的公司在哪个城市？南京。

如果你希望得到非常精确的答案，或者想要避免有人再次提出啰唆的问题，那么这种封闭式问题可以成为你的好帮手。但如果你想要与人进一步交谈，并获得更多的信息，那么你应该尝试开放性问题。比如：

和我讲一讲你宠物的事好吗？

你喜欢这份工作的理由是什么？

你和你父母之间出了什么问题？

如果你不再提那些无用的问题，而是问一些一般性的、探索性的问题，那么常常会让你得到想要得到的信息。

一般性问题

如果你想要得到一些信息、观点或者事实，需要问一些一般性的问题，而不是挑战性的问题，这样可以让对方感到放松，并自愿给予你想要的信息。因为一般性的问题对于引起一个话题或是做进一步的探索非常有益。

探索性问题

你有没有注意过，当你与别人沟通的时候常常会遇到这样的情况：你们可能就某一个话题展开讨论，或者也只是随便聊聊，但其中对方说了一个话题你很感兴趣。比如：

A：“我告诉你个秘密，昨天韩和总经理吵架了。”

B：“哦？怎么回事？”

A：“听说韩要求加薪，总经理不同意。”

B：“他上次加薪才过没几个月啊。”

A：“对呀，所以总经理不同意嘛。”

B：“可是，你怎么知道他们吵架的？”

A：“我去茶水间的时候路过总经理办公室听到的。”

B：“还有别人知道吗？”

A：“应该没有吧，当时就我自己。”

B：“那最后呢？”

A:“不知道，我也没敢一直在那儿杵着……”

帮助他人完成信息

如果你的交谈对象陈述的信息不够准确和清晰，那么你可以通过提问来帮助他陈述事实，使含混不清的信息变得清晰和明确。虽然你是在帮助你的沟通对象把事实说清楚，但最终目的是你自己要获得准确的信息。比如：

你早晨刚刚走进办公室，就听见你的同事多拉在抱怨：

“一大清早就开始倒霉，真是糟透了，别人犯的错误竟然也要赖在我的头上，简直太不公平了。”

一连串的话语让你非常费解，但多拉本人似乎没有要说清楚事实的想法，她不过是自顾自地嘟囔，所以现在你需要帮助她把事情的真相说出来，并让自己了解到更多的详细信息，那么你可以说：

“怎么了，多拉？有什么不开心的事吗？”

“总经理就是欺负人！”

“发生什么事情了？”

“昨天他的秘书丽没有及时将报表转交给他，但是现在他批评我，说我没能及时完成报表！”

帮对方分析比较

当你需要通过比较做出选择，并确定哪一个更有效时，必须获得更多有用的信息。比如，你认为赛勒斯做这项工作是最合适的，那么你可能会和同你一起讨论的其他人说：“除了赛勒斯，还有其他人更合适吗？”或者“你觉得贝利的工作能力真的比赛勒斯强吗？”

提问不是审讯

有时候人们需要在短时间内掌握大量信息，以便做出选择或者决定，这样就可能会驱使他们提出一些较为直接的或是封闭式的问题，但这些问题如果连续出现几个，那么就不是在收集信息，而是一场审讯。现在，我们来作个假设，比如你是一名车主，现在你要到一家汽车修理厂换轮胎，服务员为了帮你推荐轮胎需要了解大量信息。

“你的车已经行驶了多少公里？”

“三万公里。”

“一般在什么道路上行驶？”

“城市公路。”

“乘坐几人？”

“通常只有两人。”

“你喜欢频繁变更车道吗？”

“不。”

“作为司机，你最关心什么？”

“……”

好了，你可以想象一下，你会不会觉得自己像个罪犯呢？现在，我们来换个服务员，他也同样问了你这些问题，但他进行了一些加工。

“不好意思，您刚才说您的车已经行驶了多少公里？”

“三万公里。”

“哦，我知道了，那您一般在什么道路上行驶？”

“城市公路。”

“这样的话，磨损不会太严重。那么，您的车一般乘坐几人？”

“通常只有两人，我和我爱人。”

“嗯，很多车都是这样。您开车时喜欢频繁变更车道吗？”

“不会。”

“这是个好习惯，频繁换道会增加危险。那么您作为司机，一定有一些特别在意的事，能说一说吗？”

……

现在来仔细体会一下这两种对话的不同感受吧，是不是在第二场对话里你既为服务员提供了大量信息，同时又感觉很舒服呢？所以，当你想要从别人那里得到更多的信息时也得注意避免审讯式提问，要做到这一点其实并不难，你只要对上一个问题有一个简单的重复即可。

的确，通过恰当的提问我们可以得到我们想要得到的信息，实际上，提问的好处还不止于此，你还能通过提问来检查自己的信息是否被误解。比如，你可以通过提问“你能说说今天的会议要旨吗”来确认一下你的发言是否被大家理解。

总之，如果你能够养成询问问题的习惯，就可以通过提问来获得你想要的信息，这将大大节省你的时间，并且避免在交流中受挫。

听懂他的潜台词

你很清楚世界上最难猜测的就是人的心思，有时候你感觉一个人和你说了一大堆掏心窝子的话，但最终你却领会错了他的意思，做了让他不高兴的事情。然后，你陷入迷茫之中——他就是这么说的呀……

现在来回想一下你和妻子吵架时说的话，当你觉得你们之间的沟通已经无法进行下去的时候，你是不是说过“我想挽救我们的婚姻，但是你不想”这样的话呢？但是你的真实意思是这个吗？恐怕不够确切，你当时的真实目的多半是在传达你是无可指责的，同时你要使妻子产生负罪感并迫使她改变自己的立场。

这并不奇怪，每个人都会有意或无意地使用“潜台词”。所以，如果你真的意识到了自己曾经利用过潜台词来和他人沟通，那么你需要注意的是，别人也可能会用这种方式来与你沟通。但你会发现，很多人，或许也包括使用潜台词的人本身，对于使用潜台词都抱着一种抵制的态度，认为这是件不太光彩，甚至有点卑鄙的事情，但这并不妨碍潜台词的流行。这或许是因为使用潜台词可以让我们确立和维系一种安身之道，成为我们应付自己内心不足感的个人策略，比如我们会借助“我好”来肯定自己的价值，或是通过“我好（你不好）”来贬低别人、抬高自己等。另一方面，潜台词还可以帮助我们满足某些秘密的动机或者需要。比如当你想和某人成为朋友又不知道如何获得时，你可能会用“你好（我不好）”来奉承他或她，或者会用“我无助”“我痛苦”的姿态来求得安全和帮助。

既然这样，任何人都有可能会对我们使用潜台词，如果你是个潜台词高手，或许能够很快猜出对方的真实意图，但如果你在这方面并不精通，恐怕就要在沟通中造成很多问题。所以，有必要对那些常见的潜台词了解了解。

我好

你一定遇到过这样的沟通对象：他讲述的所有故事里他都是主角，而且每件事都突出了他重要的品质和他想表达的特点，比如：诚实、成功、勤奋、勇敢、强壮、富有、慷慨、雄心、爱冒险等。

所以，当你感觉到你的沟通对象正在用故事或各种形式来表现他的种种优点和优势时，你需要注意的是：这是个细心又敏感的家伙，他不想让你知道他不光彩的一面。

我好，你不好

在这种潜台词中，沟通者会试图表明别人有多糟，并以此来证明自己有多好。他们的每一个故事都以此为主基调，他们始终正确，但别人总是对他们不够意思。比如你的同事常常发牢骚：

“我总是不惜放下手头的事情帮助那个家伙，即便不是我分内的事，我也没有推辞过。我以为人心换人心，但是我错了……”

如果你听到对方这么说，你要知道他也许并无恶意，他只是要提升自己的自尊，或者他天生就是个爱抱怨的家伙。

你好，我不好

对于这类潜台词你一定没少听，因为它最简单的版本就是奉承，或者我们也可以把它理解得好一点，就是崇拜。“哇，你可真能干，要是我肯定搞砸了。”“你是怎么想到的，你真是太聪明了。我这个脑袋怎么就没想到呢？”

当你听到这些话的时候，肯定也会感觉不错，尽管你知道对方有点夸张。所以，这种自贬的姿态时常能够博得好感，使人麻醉。另外，它也可以成为避开愤怒和拒绝的策略，说到底，你怎么真会对这个已经自我贬低的人发火或是狠狠地拒绝呢？所以，这一点你得尤为注意。

我无能，我痛苦

这类叙述多用来表达自己多么不幸，受到多么不公正的待遇等，而且他毫无办法，只能无药可救地忍受着，就像瑞一样。如果你是瑞的同事，那么你的耳朵很快就会长出一层老茧，因为他总是说：

1.“为什么我总是这么倒霉？我就今天早晨没有带胃药，但是偏偏赶上堵车，我的胃都快疼死了。”

2.“怎么倒霉的总是我呢？总经理出差的这些天，大家都在偷懒，可是只有我被抓到了，而且他回来第一个就看到我在玩游戏！”

3.“真是的，我妻子为什么不变得温柔一点呢？她除了唠叨就是发脾气，我真是要崩溃了。”

你看，这是个多么倒霉的家伙。你要同情他吗？千万不要，因为这些话的潜台词是“你可别指望我为这件事付出什么努力”，或者他只是在博你的同情。

我无可指责

如果有人善于运用这种潜台词，那么他一定是在出了问题的时候来用。他们为了自己的失败寻找成百上千种借口，甚至还会把某件事或某个人拉出来当替死鬼。

“她总是不在家，每到周末就把孩子扔给我。难道我就不需要自由吗？我实在无法忍受这种日子了。”

所以，你要学会听懂这种话的真实意思——瞧瞧，你都让我干了什么？要不是你，我怎么会犯错误？

他们会把责任推得一干二净，就如同他们已经购买了某种保险，保证他们永远不需要为任何事情负责任。

我很坚强

“我虽然还是个学生，但除了学好自己的课程外，我还要四处打工赚学费。”

“我每周要工作40个小时，还要抚养两个孩子，还得做饭、做家务、照顾老人……”

“我的工作很累，高强度的工作让很多同事都辞职了，就连周末也要干上12小时。”

这是一种很典型的沟通方式，沟通者会不厌其烦地列举他已经完成，或正在进行的事情，以及你们谈话结束后他马上就要去的地方或要做的事情。而他的真实意图并非只是向你讲述这些东西，他是想让你知道他比谁都强。而你要做的当然就是赞扬，至少不要批评他、苛求他，因为他实在太忙了。你看到了吧，这正是表现“我很坚强”的人的最终目的。

当然，还有一种情况会让人们一直表现“我很坚强”，他们希望以此来塑造自己刀枪不入的形象，有点像示威——别招惹我，否则我让你吃不了兜着走。但实际上，躲在防护墙后面的却是一个害怕被拒绝、担心遭批评，且对自身价值没有信心的人。

我什么都懂

在某种场合，比如家里的晚宴、派对等，总会有那么几个人如同在世诸葛一般“上知天文，下晓地理”，他们对所有的话题都能侃侃而谈，且总是以一种道德说教或是教训人的方式进行，他们如同老师或者长辈。但这让人很不舒服，当然，如果是年轻人或许会深受他们的感染，甚至有点吓着了。你可不要被他们吓倒，因为他们无非是想使自己免于因无知和举止不当而被人笑话。通常情况下，他们以前经历过这样的事，并且被人笑话时让他们感到很难堪和无地自容，所以现在他们需要事先“准备”。

留一只耳朵给自己

有一位演讲家，为了使演讲的内容充实，并符合观众的口味，他总是会设定三种听讲对象：

1. 自己
2. 另一个自己
3. 听众

在你看来，理想的交谈应该是什么呢？彼此都能够很好地了解对方讲话的内容和意思？这一点很重要，但还不够，你还需要知道在整个的沟通过程里，自己说了什么。对于这一点，你可能会觉得可笑，“我怎么可能不知道自己说了什么呢？”但事实上，这样的场景并不少见。

莫克是一位来自名校的文质彬彬的男士，工作积极热情，业绩也不错，但却始终得不到女士的青睐。多次有人为他热心地介绍对象，但只要他和女士一约会，第二天女士的回答就是“再说吧”“可能不太合适”等委婉的推辞。问题究竟出在了哪里呢？我们来看看莫克和贝玛（与他约会的女孩）的一段对话吧。

“贝玛，你真是个有气质的女孩子，我约会过那么多女孩子，但她们都不及你漂亮。”

“是吗，你可真会说话，虽然是奉承的话，但还是要谢谢你，这让我很高兴。那

么，你已经约会过多少个女孩子了呢？”

“大概有七八个了。”

“看来你还挺有魅力的。不过，你看起来的确不错，身高、长相、工作都不错……”

“哇，你很会夸人啊，要是她们也像你这样会说话就好了。可惜……唉……”

……

这次约会，莫克感到了前所未有的轻松，他等待着第二天能够再次约会女孩，然后走进属于他的爱情殿堂。但是，事情并不是莫克所想象的那样，第二天当他再次约会贝玛的时候，贝玛只淡淡地说：“真对不起，我觉得我们不太合适。”

莫克百思不得其解，他回想整个谈话的过程，他很清楚地记得贝玛说他很会说话，她很爱听，贝玛还说自己很有魅力，而且详细地说出了自己的很多优势。怎么会“不合适”呢？

虽然莫克没有找到答案，但是你一定看到问题了吧——莫克根本就不知道自己在说什么，而正是他自己所说的“见过那么多女孩子”“要是她们也像你这样会说就好了”等话，让贝玛感觉很不舒服。

其实，在莫克与贝玛的这次沟通中，我们不能说莫克没有仔细地倾听，他时时都在回应贝玛的话，而且他也很注意贝玛说了什么，贝玛所发出的信息，他接收得很好。但他却没有留一只耳朵听听自己说了什么。所以，这种谈话绝对不能算是圆满。因为真正圆满的谈话，不仅需要用心听对方说话，还要留出一只耳朵来听自己的话。

现在来假设自己就是莫克，你要和一位叫贝玛的女孩子约会，你们同样谈了上面的话，但是请你务必在话说出口之前先给自己听一遍，当你说到“我见过那么多女孩子”的时候，会不会觉得有那么一点不太妥当呢？如果是，那么就把这句话咽回肚子里，或者换点别的什么。那么，对话就有了新的版本：

“贝玛，你真是个有气质的女孩子，你简直让人太着迷了。”

“是吗，你可真会说话，虽然是奉承的话，但还是要谢谢你，这让我很高兴。”

“我说的是真心话，绝不是奉承。”

"看来你很会哄女孩子。不过，你的条件的确不错，身高、长相、工作都很好……"

"哇，你很会夸人啊，要是每天都能听见你说话就好了。"

……

怎么样？听听自己说的话很有用处吧。所以，在与人交谈时，你需要先对自己的话做一个评判，同时你需要准备另一个自己的头脑。也就是说，你在说话时先对另一个自己说，如果它觉得满意，那么你就继续下去，如果连另一个自己都懒得听，那么这句话要么是废话要么是不招人喜欢的话，你当然也就没有必要说了。

所以，这样说来，你在与人沟通时要留一只耳朵给自己。现在有一个具体的问题是，我们留这一只耳朵来听自己说话，有没有一个重点或者规律呢？如果我们所说的每一句都要先听一遍的话，那么沟通的过程无疑是缓慢和难过的，我们必须有的放矢。所以，你没有必要在整个过程中都听自己说话，当然，如果你能够在整个过程中都听自己说话又不影响沟通进程的话是再好不过了，但通常情况下没有人做得到，除非你们的沟通只有几句话。所以，你要能够在关键时刻听听自己的言论。什么是关键时刻呢？这并没有统一的严格的标准，只是当你感觉你要说的话将要直接对你的沟通目的产生影响的时候，你就要把耳朵放在自己的嘴边来听一听。

第一，当你们有了不同意见时。比如你和你的老板在讨论你升职的问题，但他却认为你还没有做好准备，而你自己则认为你完全具备升职资格。

第二，事关重大时。你在和公司的几位中层领导研究新的市场推广方案，你们必须有所突破，否则你们将无法完成今年的销售任务。

第三，情绪激动时。你正在和爱人聊天，他突然指责你昨天在同学聚会上和某个同学太亲近了，不仅如此，他还认为你们以前一定有着说不清楚的关系，并且觉得现在你们还藕断丝连。但事实上，你和这个同学已经很多年没有联系过了，当年也没有那回事。所以，你觉得很气愤。

像这样的关键时刻，你最好不要张口就说，你一定要听听自己说的话对你的目的有什么影响，会让他人有什么反应。

第六章 恰当的反馈

以“有趣”和“不懂”为引子

教育学家发现：当孩子不小心打碎一只搪瓷碗时，无论你对他（她）怒吼，还是对他（她）温柔地拥抱，对他们来说都是一种积极的回应，这远比你毫无知觉地漠视让他们感觉开心……

有人说过，“冷漠是最好的惩罚”。没错，对于绝大多数人来说，被人批评、责骂或许很可怕，但更为可怕的是没人理睬。就好比佩罗和他的妻子一样。

佩罗和妻子已经结婚5年了，当初恋爱时的热情已经燃烧殆尽。半年前，他们的宝贝女儿出生了，但这并没有成为他们缓和夫妻关系的转折点。相反，却使他们的关系很快恶化了。

妻子原本就是个“家务能手”，每天佩罗下班回家后听到的第一句话就是，“赶快把鞋换了，衣服也脱了”，接下来，妻子开始忙碌于她的各种家务之中，洗衣服、做饭、拖地、擦桌子……各种家务在妻子的眼里简直没完没了——这似乎也是她生活里最重要的部分。而对于自己的丈夫，她却很少注意，即使有时候佩罗回来的时候脸色不好，或是出门前忘带了东西，她都不关心。这让佩罗感到很郁闷，他其实很希望下班回家后妻子能够和他聊聊天，或是关心一下他在外面的情况，但事实和他想要的完全相反。妻子只是一门心思地在她的家务事上，而且现在有了女儿，她的生活中似乎完全没有了佩罗的位置。长期被忽视，让佩罗感觉自己简直遭遇了冷暴力。于是在一次下班后，佩罗开始抱怨：

“你就不能停下来一会儿吗？难道我对于你来说就如同空气一样吗？我是透明的吗？你当我不存在吗？”

但妻子似乎并不在意佩罗说什么，她只是一边喂奶一边和女儿说：

“哦，小宝贝，你爸爸好像生气了，是不是莫名其妙啊？我们可没招惹他，是不是？”

然后，她接着喂奶，然后给孩子换尿布、穿好衣服，接着她把孩子放进婴儿床，自己走进厨房开始做饭，如同什么都没发生一样。佩罗忍无可忍，径直走进厨房，对妻子大声吼道：

“你到底怎么回事？你还拿不拿我当一个活人？你整天就知道做饭、看孩子，难道我不是这家里的人吗？”

“谁说你不是了？我整天和你说话，家务谁来做？孩子谁来看？一点儿都不知道我多么辛苦，还对我说三道四！”

“难道生活就只有柴米油盐吗？”

“难道生活能没有这些吗？”

……

我们的确不好判断到底是佩罗的错还是妻子的错，但我们可以清楚地看到，佩罗由于受忽视已经到了抓狂的地步。这才是我们要说的重点，我们可以假设一下，如果妻子能够对佩罗多一点注意，哪怕是挑一些佩罗的毛病，他可能也会感觉好一些。

或者你也可以想一想你在上学时候的情景：老师在上面津津有味地讲，同学们通常会出现三种反应。

一部分同学总是对老师的问题配合积极，老师的提问他们能够一一作答。

一部分同学对老师所讲的内容听不太懂，于是他们会说：“老师，这道题我没听懂，为什么是这样？”或者说：“老师，我一点也没听懂。”

还有一部分同学对老师的课丝毫没有反应，他们要么趴在课桌上睡觉，要么自顾自地玩着，或者交头接耳。

你当然知道，老师对谁更生气。——没错，是最后的这一部分同学。毫无疑问，如果所有同学都是这样的状态，那么老师的课根本就没有办法进行下去。因为讲课也是一个沟通的过程，如果没有回应，老师就如同对着一面墙讲课一样。因为我们沟通的目的就是要让对方了解我们的意思，无论对方以“不懂”还是“有趣”来回应，这都表明我们可以继续我们的话题，尽管有时候需要换一种方式，但沟通仍然会继续下去。

既然这样，你肯定已经明白了作为一名听者，当对方发来信息时我们自己要做怎样的反馈——“有趣”或是“不懂”。

如果你完全可以理解对方的讲话，那么你应该表示“有趣”，这既是一种礼貌，更可能会引发说话者的灵感，从而衍生出另一个话题，这样你们之间的沟通就会更加顺畅，并且你很可能会有意外的收获。

如果你听不懂，不要假装听懂，否则会给你带来麻烦。比如当对方说：

“我今年打算参加‘二建’考试，现在我正在全力以赴地学习，还报了一个辅导班。”

你对“二建”一词非常陌生，你不知道这是一个什么考试，但你觉得装一下没什么，因为你正在等待进入下一个话题，于是你说：

“是吗？参加‘二建’考试的确得下点功夫。”

你这样的回应让对方如同找到了知音，迫不及待地对你说：

“怎么？你也考过‘二建’？赶紧给我传授一些经验，我正不知道怎么复习呢！”

现在你该怎么说呢？你只能说“哦，对不起，我对‘二建’一点也不了解”，或者你说“我没考过，但是所有的考试不都得下功夫吗？”无论哪种回答，都显得有点没有底气。

所以当你听不懂时，可以明确地告诉对方，比如你可以说：“‘二建’，这是个什么考试？”或者你可以说：“‘二建’就是二级建造师吗？”这对对方来说丝毫不会觉得自己“没有面子”，相反，他们会拿出更多的话来对你解释，这样的互动可以很快缩短你们之间的心理距离，增进了解的同时，更能搭建起心与心之间的桥梁。

所以，沟通其实并不难，而作为听者，你的反馈往往能够左右说者，你既可以表示“有趣”也可以表示“不懂”，这都是一种积极的回应和反馈，提示说者接下来采取何种方式继续你们的谈话。

但不要有太夸张的反应，这会使对方冷场。就像你坐在办公桌前，一位同事走了进来。他穿了一件很不错的衣服，这件衣服的确让他看起来更帅气，但也没有到惊艳全场的程度，此时如果你用超过120分贝的声音大喊：

“呀，太帅了，你这衣服哪儿买的？怎么跟你这么相配呀，太不可思议了！”

不用问，这位同事一定很尴尬，而大家看你的目光一定也是这样的。所以你的反馈不要过火，否则会让对方不知所措。重要的是，这显得你很没有礼貌。你要做的就是态度坦诚地表达你自己的感受，然后加入一点点的礼貌性的赞扬或是惊奇就可以了。

学习119接线员的语气

几年前，一位著名的影星曾发表一篇文章。她在文中说："看自己以前的电影真叫我觉得吃惊。"她吃惊的不是容颜老去，而是她那时说话竟然那么快……

你会不会觉得这位女演员有点不可思议呢？说话有什么可奇怪的呢？如果你真的这样想，那可就大错特错了。实际上，我们的语速和年龄可是有着很大关系呢。研究发现，人的说话速度是与年龄成反比的，年轻人说话速度快，而随着年龄的增长，人的说话速度就会变慢。但是，这与我们要说的"反馈"有什么关系呢？

如果你曾经拨打过119，或者通过某种渠道能够了解到119就会知道，119的接话员有一种特殊的习惯，就是哪怕你这边已经火上房，她们也总是以一种缓慢的口气跟你对话。

为此，不少119的接话员还接到过投诉，说她们完全不顾求助者的感受和安危，根本不替他们着想，总是慢条斯理地耽误时间。

这可真是误会119的工作人员了。因为每一个接话员都经过严格的训练，她们知道：一般来说打电话报警的人，都会显得比较兴奋，有的人甚至正处于惊恐之中，所以他们在报告险情和发出求救信息时往往会不得要领，而且语速会惊人得快，甚至他们自己都不知道自己在说什么。

所以，这样的沟通究竟效果如何就完全取决于接话员了。如果119的接话员也像求救人一样如同连珠炮似地说话，无疑会使他们更加紧张。这究竟是怎样的原理我们或许弄不太明白，但你一定有过这样的经历：

当你和一位朋友一起走路时，一开始两人走路的速度很合适，但不知为什么你觉得你的朋友走得好像比自己快，于是你也加快了脚步。再过一会儿，你觉得你的朋友走得更快了，所以你也再次提速，就这样直到你们两个人之中有一人忍不住了，说：

"你怎么走得这么快！"

奇怪的是，另一个人的回答不是他有着急的事情，或是其他什么原因，而是说：

"我感觉你走得越来越快，所以就拼命地追呢。"

沟通也有这样的"追随效应"，当你感觉别人语速加快时，你也会不由自主地加快语速，这样你们所要表达的信息就会"忙中出错"。正是为了避免这一情况，119的工作人员才要经过非常严格的训练来让自己的语速慢下来，并以此影响求救者，让他们能够清晰地表达自己的具体情况，比如火灾情况、现场怎样、具体位置、有无人员被困等。

现在你应该可以理解为什么在沟通时要学学119接线员的语气了吧。如果对方说话快，你无法听清，那么你就可以放慢你的语速要求他重复。在你的"慢而清晰"的语气的引导下，对方的口吻、动作等都会不知不觉地配合你的节拍。这可比你对他说"请你说话慢一点"要好用且礼貌得多，因为对方可能根本就没有意识到你已经运用了一个反馈策略。

“是”还是“但是”

一位博士生导师对他的两个学生说：“我们这个课题遇到了一点麻烦，需要停下来去研究另外一个课题。”
他的中国学生说：“哦，也好啊。但是那个课题都已经研究半年了，太可惜了。”
而他的美国学生则说：“但是这样的话，我们的心血就白费了。”

“现在我们的任务非常重，所以我想从下周开始，每天延长一小时工作时间。当然，这一个小时公司会以双倍工资给付。”

对于经理的问题，通常大家是不愿意的，即使给付双倍工资，绝大多数人还是希望到下班时间去做自己的事情。但是回答的方式就会出现两种，如：

“这的确是个办法，不过现在大家都已经很努力了，要是再延长一个小时的工作时间，大家会不会有意见呢？”

或者也有人这样回答：

“但是经理，大家已经很努力了，再晚大家一定有意见！”

显然，这两种说法都起到了告诉总经理“不同意”的作用，那它们的作用就一定一样吗？现在把自己想象成那位经理，当你的话刚刚说完，话音还未落的时候你的内心深处想要听到的究竟是“是”还是“但是”呢？

千万别违心地说你想听到“但是”，这是不可能的，因为这并不符合人的正常思维和心理。事实上，我们的思维、行动以及言语总是会不自觉地向着“利己”的方向发展，也就是说我们总是想让自己更舒服，尤其是心理感受。当听到有人赞同或赞美时，我们的心理感受总是好的，当听到有人提出反对意见时，我们总是会有些不快。

“是”与“但是”仅仅差了一字，看起来这两个词之间似乎真的没有那么多的讲究，但是你错了，就是这一个字的差别，在沟通习惯里就会产生微妙的心理作用，而这个微妙的心理作用往往决定你们沟通的最后结果。

陆是一家公司的销售部经理，刚接到通知：由于今年销售业绩突出，公司决定给销售部的员工一个旅游的机会，名额是10个。陆觉得这样不妥，因为销售部目前有15名业务员，虽然业绩不同，但都很努力，如果剩下5个，他们肯定有意见。于是他决定找老板谈谈。他说：

“您真是太有魄力了，一下子让我们部门10个人去度假，回来后他们一定更努力。”

然后，陆停顿了5秒钟，眼睛看着桌面。微妙的变化就发生在这一刻，当陆夸奖老板时，老板明显面露喜色，此时陆已经把他拉到了自己相同的方向。而当陆停顿的时候，老板本能的反应是，陆有什么事需要他帮忙。于是他说：

“你有什么需要我帮忙的吗？”

陆接着说：

“是的，我现在的确很为难。我非常赞同您这个度假计划，实际上我自己也很长时间没有放松一下了，我真是期待极了。但是，您知道我们销售部一共15个人，现在去10个

人，剩下的5人我担心他们会有些情绪，而且我非常难决定要让谁留下来！”

“就让业绩最差的5个人留下来！”

“这的确是个无可争议的理由，可是这几个人虽然业绩一般，但他们真的很努力。所以我有个想法，把住宿、餐饮标准等稍微降一点，这样既不增加公司的负担，还能让大家都受到您的激励，这也有助于我们的内部团结，您觉得呢？”

“当然可以”，如果你是老板你也一定不会拒绝陆的要求吧。事实上，陆的老板的确同意了陆的方案，让销售部所有人都去度假了。这样的结果当然得益于陆强大的沟通能力，就如同我们刚才说的一样，他总是用“是”开头，而不是“但是”，所以老板在听到陆说话的时候他的心情首先是好的，在这样的情绪下，陆再提出建议当然更容易被接受。

需要说明一下，用“是”还是“但是”并不用总是让自己感到纠结，如果你只是在和你的亲朋好友闲聊，当然可以不计较这个。比如妻子说“这家餐馆可真不怎么样”，你便可以直接说“但是我觉得菜的味道不错”，这不会给你带来什么危害，只要你在一些关键时候能够记得区分“是”与“但是”就可以了。

承认，当你错了的时候

“你为什么让你的狗跑来跑去，不给他系上链子或戴上口罩，难道你不知道这样很危险吗？”

“我的狗从来不咬人。”

“你说不咬就不咬吗？它就是咬伤了松鼠也不行！下次再让我看见你的狗不戴链子或口罩，你休想躲得过！”

“我错了，也许你是对的。”对于很多人来说，这句话不是不可以说，不是不会说，而是难以启齿。

向别人承认错误，也许你会感觉不是那么舒服。但如果你希望和别人沟通时能够顺利进行的话，你就有必要多练习一下，以便在适当的时候学会承认错误。这样做并不会让别人觉得你是个十恶不赦的家伙，相反，还会让人们对你的态度变得缓和，即便是正和你针锋相对的人也会因为你的“我错了”而不再和你没完没了。反之，不敢承认错误只会养成一种习惯，使自己失去面对错误、解决问题和培养解决问题能力的机会。

对于这一点，恐怕卡耐基比谁都清楚，因为他就亲身经历过这样的事。

卡耐基的家就在一片森林的旁边，他步行两分钟就能到达。春天的时候，森林里野花遍地，松鼠来回穿梭，非常舒适。所以，他经常会带着他的小狗到森林里散步，由于小狗非常温驯友善，森林里的人又很少，所以他常常不替小狗系狗链或是戴口罩。

但是有一次，这种自由自在被一位骑马的警察看到了。这位警察刚刚上任不久，看样子他正迫不及待地想要展现一下自己的权威形象，只听他这样说道：

“你为什么让你的狗跑来跑去，不给他系上链子或戴上口罩，难道你不知道这样很危险吗？”

“警官，我的狗从来不咬人。”

“你说不咬就不咬吗？它就是咬伤了松鼠也不行！下次再让我看见你的狗不戴链子或口罩，你休想躲得过！”

实际上，卡耐基有好几次都想给小狗系上狗链或是戴上口罩，但是小狗不喜欢，所以他决定和小狗碰碰运气。但运气不是每天都有，他正好撞上了那位刚刚上任的警察。

卡耐基知道自己这样做不好，但他以为自己不会那么倒霉下次还碰到这位警察，所以，之后连续几天他依然和小狗在树林里享受着自由。

事情就是这么凑巧，这一天他和小狗正在奔跑，突然间——很不幸——他又看到了那位法律的权威，骑着那匹枣红马款款而来。卡耐基知道这次麻烦大了，这位一心想要炫耀自己权威的警察绝不会轻饶他，于是他决定先发制人。他说：

“先生，这下您当场把我逮到了。我的确犯了错误，我没有托词。您上次警告过我，若是再这样带小狗出来一定要罚我的。”

果然不出卡耐基的意料，他刚承认错误，那位警察就似乎已经感受到自己的权威已经发挥巨大的威力了，所以感到很满足，这样，他的大脑就告诉他没必要继续显示权威了，于是警察说：

“好说，我知道，在不伤害人的情况下，谁都不想让自己的小狗受委屈。”

“的确是不忍心，它就像我的亲人一样，但不管怎样，这是违法的。”

“不过，你的小狗看起来很友善，它应该不会伤人吧？”警察反而为卡耐基开脱起来。

“是的，它不会咬人，但是它可能会伤害到松鼠，这也同样是个错误。”

“既然如此，我念在你是初犯，并且知道自己错了……你只要让它跑过小山丘，到我看不到的地方就好了。”

和所有人一样，这位警察也希望得到一种自重感，希望自己的权威得到承认。所以，当卡耐基主动承认错误并请求惩罚的时候，他的这种心理得到了极大的满足，所以他不需要再通过其他强硬的手段来实现。

既然我们知道免不了要受一场责备，何不抢先一步，自己先承认呢？不管怎样，自己谴责自己总比挨别人批评要好受得多吧。所以，如果你遇到这种情况，也就是当别人指出你的错误时，你的正确反馈不是为自己辩解，而是老老实实地承认，这样一定能比辩解得到更多的实惠。

但承认错误往往比为自己辩解更难，因为我们总是有“利我”的潜意识，总是希望自己是对的，保护自己，为自己辩护，实际上就像我们饿了想吃东西一样，这是天性。然而，一旦克服了这一天性，你将迎来无限光明。因为面对一个虚心诚恳的人，就算有满腔仇恨，你的对手又能把你怎么样呢？那么，你现在需要做的就是记住这样两句话：

当你正确时，要试着温柔地、技巧地使对方接受你的看法；

当你犯错时，不要回避，不要强词夺理，要迅速而虔诚地承认。

这种技巧能产生惊人的效果，而且，任何情形下，都要比为自己辩护有利得多。

争吵要合理

当争吵变成习惯，你的生活会因此而乱作一团。

当争吵变得合理，你的生活会因此而顺畅起来。

奇怪吗？

不奇怪。

没有人喜欢争吵，大家都希望能够心平气和地把事情说清楚，但有时候事情并不在我们的掌控之内，我们可能被莫名其妙的辱骂激怒，接着爆发一场唇枪舌剑，而你想要沟通的问题当然被扔在了脑后。毫无疑问，这样的争吵是不合理的。

你一定会对这句话揪住不放，然后强硬地问：难道还有合理的争吵？

是的，的确存在合理的争吵。

莎士比亚就曾这样说过：“不轻举妄动，这诚然是伟大了；但在名誉攸关的时候，虽一根稻草也要力争。”这就是一个很明显的沟通中的争论过程——首先是对方发出某种信息，伤害了自己的名誉；接着自己发出反馈，对这种信息进行反驳；对方又发出信息进行驳斥；自己再发出反馈和新的信息进行驳斥和论证……

争论就是这样产生的。当对方发出某种信息，而你又没有办法接受时，那么你们就要面临一场争吵。此时，如果你们进行的是一场公开、坦率的讨论，能够积极探讨双方的分歧，不用嚷嚷、没有暴力，那么这场争吵就可以算是合理的。所以，我们也可以说合理的争吵实际上就是理性的争论。

当然，这要遵循严格的规则，公正平和地交换意见，并且要有关键的心态。

1. 冲突是不可避免的，这一点你必须给予最充分的理解，就算是亲如夫妻也总会有不同的需求，这是不可避免的，但也是正常的。

2. 每个人的需求都是重要的。尽管你的需求是正当的，但这并不意味着你的需求就比对方的需求更重要，你需要休息和私人空间与我需要娱乐和有人陪伴是一样重要的。

3. 通过合理的争吵可以取得双赢。大家共同努力，各让一步，那么双方都可以找到称心的好办法。

如果你不能以这样的心态进行，那么就肯定会变成不合理的争吵，你们会使用各种语言暴力，甚至会大打出手，沟通的事也会被击得粉碎。

为了说清楚如何进行合理的争吵，我们可以借用一个例子，就是森和妻子琼的故事。

森和琼一直都是一对模范夫妻，他们很少因为什么事情吵闹不休。但是这一次，他们竟然没有人让步，当然起初他们没有争吵，他们只是在讨论女儿的学校。

“森，我想把女儿送进‘杰尔’小学，据说那里的教学质量非常好。”

“可是，那所学校离家太远了。”

“这不是问题，每天只要早起半个小时就够了，这会对女儿的一生都有好处。”

“我不同意，我觉得那里学习任务太重了，小学阶段没有必要那么累，那会压抑孩子的天性。”

“你知道什么？你整天只顾着工作，哪里知道学校的事情？”

“我当然知道，虽然我大部分时间都在工作，但我知道的一点也不比你少。”

……

大约有半个小时的时间，森和琼都在试图说服对方，他们都有各自的理由，并且他们都觉得自己的理由是最正当的，所以问题并没有得到解决，而且一点进展也没有，甚至他发现琼和自己都有点情绪激动，这样下去说不定他们会开始乱嚷乱叫。但如果他就此罢休，那么女儿就会被送进一所他认为不怎么样的学校。所以，森决定进行一个合理的争吵，或者说是理性的争论。那么，我们来看看森是怎么做的。

1．稳定情绪。森要确保琼同意与他进行一场严肃地讨论，但是当琼气鼓鼓地两次拒绝森后，森不得不说：

“琼，这件事对女儿非常重要，我们必须进行讨论，否则我们在这件事情上永远都无法达成一致。我想，你可能是太累了，所以在我说话的时候你并没有听进去多少。所以，现在我们可以重新来说说这件事。”

森做得很好，他没有指责琼，因为他知道，如果他现在用指责的口气，将会引发再一次的不合理争吵，那么这个问题将永远得不到解决。所以，他只是告诉琼昨天她根本就没有听进去自己的讲话，并没有对琼使用“霸道”“无理”或是“固执”等挑衅性的字眼，这至少可以保证琼能够和他展开今天的对话。

2．表达自己的全部感情。如果没有感情的表达，争吵就不是争吵而是讨论了，既然是合理的争吵，那么就应该要表达自己的感情，森是这样说的：

“当听到你说我根本就不关心孩子，以及我是个一无是处的父亲时，我很生气。”

你知道森的说法好在哪里吗？他只是说对于某件事，“我很生气”，而不是说“你简直太让我生气了”，因为表达感情不是发泄，只是描述自己的感情，不要带过多的情绪色彩或使用攻击性语言。所以，虽然森表达了“我很生气”却没有招致琼的愤怒。

3．盯住一个问题。我们都知道一次只能解决一个问题的道理，但是当你们进入争吵时很容易转换话题或是翻旧账，森也遇到了。当他们开始这次合理的争吵不久，琼就再次抱怨起来，她说森从来没有考察过学校，他只是凭自己的主观来说话，还说森根本就不称职。但是森知道他不能顺着琼的话题下去，否则就前功尽弃了，于是他说：

"我在某些方面的确做得不够，但是我对学校是了解一些的，比如通过其他人、上网、新闻，并且我了解我们的孩子，所以我觉得我们应该根据孩子的性格和兴趣来选择学校。你觉得呢？"

4. 提议做一些改变。合理的争吵最终的目的是希望对方能够接受自己的意见，至少要能让对方做一些改变，所以你需要简单明了地说清楚你希望对方做什么、不做什么。森在与琼进行了十几分钟的争论后发现，他们的这次沟通没有什么进展，琼还是像刚才一样只强调自己的理由，于是森提议：

"亲爱的，我想我们应该暂时停止一下，彼此认真考虑对方的理由，然后我们再争论。"

森的确是个沟通高手，他没有犯一般人最容易犯的问题，他不带一点情绪地说出自己的建议。而有些人却不会这样，比如他们会对妻子说"我希望你能够再体贴些"，这句话看起来没什么错，但一定起不到具体的作用，如果他们对妻子说"我吃饭时希望你能坐在我身边，跟我在餐桌上说说话，而不是跑到厨房洗碗或是埋头看报"，可能效果会好很多。

5. 描述后果。你需要描绘一下你所建议的改变所带来的实际好处，包括情感上、资金上、健康上或是其他任何具体的方面。比如森告诉琼：

"如果我们选择另外一所小学，可以节约大笔的学费，我们的生活压力会小一些；而且那里丰富的课外活动（而不是繁重的作业）可以让孩子更快乐、更健康。"

当然，你还得告诉对方，如果他依然我行我素的话，你会怎么想，又会怎么做。但你需要注意这不是威胁，不要虚张声势，或说一些与此毫不相干的可怕的后果。拿森来说，他是这样说的：

“琼，如果你还是不能考虑我的建议，那么你可别再指望我继续对别人说你是一个思虑周全的人。”

一般来说，人们总是更乐于面对正面而非负面的结果，所以如果森说“如果你还是不考虑我的建议，那么你就是个思虑不周全的人”，他的妻子琼就可能懒得理他，而依然只考虑自己的想法。

6. 避免争吵升级。现在你们都在试图说服对方，这没错，争吵的目的正在于此，但是你需要保证不让它变成不合理的争吵，你需要避免情绪失控、大嚷大叫，或是使用不太好的语言。为此，你需要做到：

首先，你需要注意争吵中的非口头内容，如是不是嗓门提高了，是不是有威胁性的动作，如由坐着变成站起来、指手画脚、紧握拳头，或是把什么东西扔下等。

其次，如果发现自己变得激动了，那就停止说话，做个深呼吸，离对方远一点，深呼吸几口气以后可以建议对方也这么做。这的确会让你们冷静下来，同时也创造一个思考合理争吵规则的时间。

7. 美好的结局。毫无疑问，合理的争吵为的是能够达成一致——你说出了你的理由，提出了改变行为的建议，然后对方说“好”。

但更为常见的是，你们可能不能达成完全的一致，你们还需要做进一步的讨论，对方又提出了一个改变行为的反建议，你们仔细讨论后，或许达成了协议。

当然，很多时候这样的协议也不能达成。这并不是说争吵没有成功，因为许多问题并非一蹴而就，暂时放一放，常常是最明智的做法，关键是你们必须重新商定一个时间来讨论这个问题。

比如，森和琼就是这样，虽然森很努力，但是琼并没有放弃自己的想法，她又提出另外一个建议，她说希望将两个学校的教师是否真正关心孩子的身心发育作为一个标准。这个建议森也觉得可以接受，所以他们最后商定，将各自的建议做一个综合考虑，最重要的是，他们需要征求孩子的意见才能做出最后的决定。

我们不能不说，森是个绝对的高手，他最终让琼放弃了一味地列举自己的理由，而是转而考虑他的理由以及孩子的意见。这是相当成功的。

所以，当你感觉对方的建议无法接受，或者感觉自己必须说服对方时，用合理的争吵作为一种反馈是必要的，只是你需要极大的智慧。

否定的反馈也能变得很合理

喜剧大师卓别林曾说："学会说'不'吧！那你的生活将会美好得多。"

当你希望得到别人帮助时，若是别人对你摇摇头说"no"，你会有什么感觉呢？所以，你也曾经因为担心别人感觉不好而不敢拒绝吧。但是，想要做个好好先生或是好好小姐并不是件容易的事，因为人们的要求永无止境，而且总是合理的和不合理的并存。所以，一旦你接受了一个请求，而无法做出恰当的否定反馈时，就会将自己陷入更大的困扰和沟通上的困难当中。

所以，你的反馈必须是明确的且能够让对方感知到你的态度。假如你因为感到不好意思而不敢据实言明，比如你只是含糊地回答说："这件事好像没那么容易！"在你看来这是拒绝的意思，但是在对方看来，却可能是"尽管有点困难，但还是同意了"。那么接下来，如果你没有做到，就会被埋怨不守信用。

朵拉就常常为此而烦恼。她曾不止一次地抱怨说："最近有许多推销员登门入室来兜售他们的产品。这些人个个都口齿伶俐，总能找出一些让你非买不可的理由。我对他们真是一点办法都没有！"

"你可以拒绝他们啊！"朵拉的一位朋友对她说。

"拒绝也不是容易的事啊！"朵拉感到非常泄气，她说，"那些推销员根本就不把你的拒绝放在眼里，他们总有办法吸引你的注意，让你觉得买来也不错。就这样，我已经因为不知道如何拒绝而买了不少东西了。”

实际上和朵拉有同样遭遇的还有很多人，包括你也可能遇到过类似的情况，比如你的一位同事总是让你帮忙，他每次都非常客气、诚恳，让你不好拒绝。于是，你仿佛成了他的私人秘书，甚至如同一位佣人一样，一天到晚帮忙处理他的事务，而你自己的工作却常常为此而耽搁。

那么，你当时是怎么对你的这位同事进行反馈的呢？你可能会说“我上午还有别的事”，然后他说“那就下午吧”，然后你下午乖乖地又不情愿地帮他做了事。实际上，你的确应该像朵拉的朋友说的那样——拒绝他。如果你真的以“对不起，这是你的事情，你还是自己做吧”，或者“你为什么总是找我帮忙，难道我是你的手下吗”等表达你的否定反馈，那的确有点太夸张了，这无疑会伤害你们之间的感情，并可能会带来更大的麻烦，比如你们可能就此断绝关系，你也可能会引人厌恶、被人误会，甚至在你们之间埋下仇恨的种子。

但是不要灰心，作为一种反馈（即便它是否定的），我们总是有办法让它变得合理起来。为此，你需要运用聪明的智慧，把握以下几个原则：

1. 你需要向对方解释清楚你拒绝的理由。
2. 你发出的否定反馈信息要有坚决果断的暗示，不要含糊不清。
3. 不要试图把责任推到对方的身上，否则你将直接惹恼对方。
4. 不管你采用何种方法，不要伤害对方的自尊心。
5. 要让对方知道你的拒绝是万不得已的，并要真诚地道歉。

在上面的五个原则中，第一、三、四、五条都不难做到，唯独第二条会有困难，因为你可能下了决心要把这个否定反馈坚决地传递给对方，但你最终还是不知道如何来说或者来表达你的否定。

那么，就来试试这几招吧。

直接分析

直接陈述你拒绝的理由，比如自己的状况不允许、社会条件限制等。当然你所说的这些理由一定是要得到对方的认同，这样你更容易得到对方的理解，并自动放弃说服你。举个例子，你平时的工作很忙，而且你的公司有明确的规定，如果中途请假超过一个小时将会受到严厉的处罚。现在，如果你的一位朋友需要你开车去接他的时候，你完全可以这样说。

巧妙转移

如果你不好意思直接做出否定反馈，还可以用这个方法。比如，你先向对方表示同情，或者给予赞许，然后再提出拒绝的理由。这个方法的好处在于由于你已经对对方的事情表示关切，所以在某种程度上拉近了两人的距离，当你给予否定反馈时，对方通常会抱着“可以理解”的态度。

肢体语言

不管你是用多么漂亮的语言，但开口拒绝对方总不是容易的事，甚至有很多次你已经在心里演练得非常熟练了，但当你真正需要面对面说出来时却又犹豫不定了。此时，你不用开口，只用肢体语言就可以了。

一般来说，摇头代表否定，微笑着摇头（且不说话，眼睛看着下面）往往更能说明你态度的坚决。此外，微笑中断也是一种否定暗示，当你们面带笑容地谈论时，你突然中断了笑容，也暗示着无法认同或者拒绝。类似的肢体语言还有身体倾斜、目光游移……但你要注意分寸，不要伤了对方的自尊心。

现在你或许感觉到轻松一点了，下次再有人对你纠缠不休的时候你知道该怎么说出自己否定的想法了。但不管怎样，有能力帮助他人总是好事，当别人拜托你为他分担事情的时候，表示他对你很信任。所以，不管你有多么充足的理由，或者你对这个人有多么多的意见，你仍要以谦虚的态度仔细听完，如果你真的做不到，别忘了说声“抱歉”。

第七章 几个棘手的问题

屁股决定脑袋

还记得小时候吗？当你看到一块糖时，你瞬间的思维是：糖真甜啊，我要吃了它。可是妈妈却在想：糖吃多了牙就坏了，我得藏好它。

糖还是那块糖。

可是，你和妈妈的想法却很不一样。

屁股决定脑袋？

你是不是有点不愿意接受这样的说法呢？如果你对唯物主义哲学有所了解的话，就会很容易了解这句话的含义——人的正确思维并不是从天上掉下来的，而是从实践中来的。当我们处于各种社会活动中时，所处的环境、地位和经历的不同，就会导致我们的价值观和人生观不同，说明了一点就是屁股坐在什么位置，决定你的脑袋怎样思考问题，就是所谓的“屁股决定脑袋”。

沟通中会不会遇到这样的问题呢？回答是肯定的，而且这是有效沟通的一个非常大的障碍。现在你就可以想一下，可能在你自己的身上就已经发生了不知多少类似的事件，比如：

你时常要求你的孩子少吃糖果，而孩子却觉得你是存心馋着他们；

你希望每天到点就下班，可是你的老板却想让你再多干一小时；

你希望妻子和你一同出席朋友的婚礼，可是妻子说她还有一堆家务要做；

你和同事抱怨婚后的不自由，但是他却说你“白天不懂夜的黑”，因为他还是单身；

……

实在是太多了，就算你说上两天两夜都说不完。因为每个人都有每个人的立场，所以面对同一个问题，总是“仁者见仁，智者见智”，而沟通中的分歧也正是由此产生。那么怎么办呢？无论如何你撼动不了别人的“屁股”，当然，对方也无法挪动你的“屁股”。现在的情况简直有点鸡同鸭讲的感觉，如果你是个高手的话绝对不能让这样的沟通继续下去，你得试图改变，但你必须知道的是——能够改变的只有自己。我们来看看莫林是怎么做的。

莫林很早就想找老板谈一谈周末加班的事了。因为半年以前，由于工作需要，他们连续两个月每个周末都要加班一天。然后，这竟然成了一条不成文的规定，一直到现在大家还是每个周末都自动来公司工作一天。但实际上，这一天里真正好好工作的没几个人，大多数人都游荡于茶水间和卫生间之间，即便是坐在办公室里，也十有八九在发呆。

莫林也一样，虽然他也总是“自觉”来到公司，但说实话他一点也不想来，他很希望周末的时间能够陪着孩子。所以他找到老板，他是这样说的：

“我能耽误您几分钟吗？我想和您说说关于周末加班的事。”

老板很聪明，他知道莫林想要说什么，但是他作为老板很希望员工都能周末加班，这会让他的效益增加不少，于是他先发制人地说：

“周末加班的事？哦，是的，现在大家都主动加班，我们的工作进度的确加快了不少，我正准备奖励大家呢。”

这让莫林有点始料不及，他以为老板会让他来说，但是现在老板却先发制人堵了他的嘴。此时，莫林在告诫自己：镇静，我一定有办法说服他。然后，莫林接着说：

“您要奖励大家？这真是一件让人高兴的事，您真是体贴我们，能够站在我们的立场考虑问题。不过，您肯定看到了，现在大家在工作时间，我是说正常工作的时间都有点心不在焉，这对工作效率有很大影响。”

“真的有影响吗？我没觉得呀。”

“的确是有的，很多人工作效率都下降了，原来五天能够做完的事现在需要六天，所以实际上并没有给工作带来多大好处，还使得一些人发一些牢骚和抱怨。”

“那你觉得要怎么办呢？”

“当然是让大家提高效率，五天的工作不要拖到六天，如果五天不能完成绝不再给他们一天的时间来弥补。因为，下周还有新的任务。”

这是很典型的“屁股决定脑袋”，莫林的老板总是“坐”在自己的立场上，他的脑袋总是希望大家多干活，但是莫林作为员工需要有自己的时间，所以他们的想法几乎是无法统一的。

这样的情况谁都会碰到，当你们的立场严重不同时，脑袋里所想的事情就会大不一样，甚至截然相反，你所说的话在对方看来就是“无理取闹”，而你也觉得对方是个不通情理的家伙。这的确是一个永远都没有办法统一的问题，但你可以找到解决问题的方法——站到对方的立场办好自己的事情，就像莫林一样。

虽然莫林无法让老板完全站到员工的立场来想问题，但是他有一个聪明的做法——从别人的立场来考虑这件事，并且让这种立场替自己说话，也就是把自己不想加班的事情说成了要提高工作效率，所以他成功了。不幸的是，并不是所有的人都能像莫林一样聪明，甚至绝大多数人都只会从自己的立场来思考，而这正是沟通中最为棘手的问题之一。

不管怎样，在你思考问题时试着逃离你的立场的掌控，并试着了解在对方的立场会有什么想法。

积习难改

他总是没说几句就沉默不语了……

他总是一说话就要论高低输赢……

他总是喜欢折中……

他总是……

你总是会发现在你和别人沟通的时候，对方的一些习惯让你焦头烂额。比如上面所说的。

没错，除了这些还有很多坏的沟通习惯让人感到窒息，但这几个通常是特别常见、特别棘手的。既然如此，我们来逐个分析，以便你遇到这样的人时能够轻松应对。

逃避的习惯

你会有这样的体会，如果你在心理上或是实际中退出一场冲突，就不用担心如何面对问题或者费力寻求对策了。事实上，在事不关己时，这的确是一种明智的举动。

所以，和你一样，别人也会有这样的体会，并可能形成一种习惯。他们会在关键问题上采取逃避的方法，或许他们并非有意这样做，只是习惯而已。但这却把责任推给了你，甚至使你也跟着退缩，不再努力寻求对策。所以你需要注意到这样的事实：逃避会让问题变得更严重，并且使你要做的事情加倍，因为你不仅要继续面对问题，还要改变对方逃避的态度。那么，你如何知道对方在逃避问题呢？很简单，当冲突发生时，对方是否：

装作若无其事

变得“正儿八经”

责怪他自己，说自己小题大做

在背后说三道四

想要息事宁人，得过且过

这些都是逃避的方式。

如果你发现你的沟通对象正试图使用以上几种手段逃避问题时，你需要及时采取措施，否则你们的沟通就要以失败告终了。丽珊就是这样的“受害者”，她丈夫每次晚归后，丽珊想要和他“说说”的时候，他就说“好吧，亲爱的，我错了，下次我一定早点回家”。丽珊已经看到了他逃避问题的想法，于是这一次丽珊没有像往常一样对他说“下不为例”，而是坚决地说：

“你的确是错了，但我现在想知道的是你这么晚回来都做了什么。”

“就是加班嘛，有什么好说的。”

“当然有了，比如你加班都做了什么工作、为什么非加班不可、都谁和你一起加班、你是几点离开公司的、路上用了多长时间，我都想知道。”

“你这是在审查我吗？”

“不是，我只是想明白这个过程，这样我就不会总是乱猜疑你了。我希望对你保持永远的信任，我不想因为我不明所以而破坏它。”

如果你也遇到这种逃避的人，不妨像丽珊一样，坚持下去，因为如果你不坚持，所有的事情就都要停下来，更重要的是，你下次再提起的时候他还会故伎重演。

输赢的习惯

我们都知道服从权威，可以作为保护自己的借口，但大多数人还是会不自觉的有争论输赢的习惯。这可能与人类固有的“求胜”心理有关，很难改变。如果是在沟通上，这种可怕的心理常会导致一场争论，甚至争吵，失败者可能会不支持对方的决定（无论是否正确），甚至会企图破坏。所以，你必须阻止沟通中对于输赢的争论。当然，首先要遇上这样的沟通对象，比如：

总是极力证明你的错误

坚持要你改变心意

对你大吼大叫

诉诸暴力

拒绝接受否定的答案

给你制定规则

企图击败你

需求其他人的帮助

威胁你做出让步

如果对方有这种沟通习惯，你很容易察觉到，你需要做的是及时制止“悲剧”的发生。你可以让他一下把话说完，这是一个非常不错的方法，因为有输赢习惯的沟通者会对你的任何反向言论都在第一时间做出反击，而你也会不由自主地被他带动而加快你的反攻速度，然后你们就真的吵起来了，这一点你丝毫不用怀疑。所以你要冷静，你什么都不用说，只微笑着听他说完，然后说出你的想法，切忌评论甚至批评他的言论，他可正等着你“钻套”呢！

折中的习惯

平均分配通常是最公平，也是最能被普遍接受的方法。如果你不能做出一个大饼，那么至少让每个人都分一点也好。所以折中的方法常常成为谈判桌上的一种技巧，使每个人都能有所得。正是因为折中的方法常会使自己看起来大度，同时又能有所收获，所以很多人习惯折中，每当双方利益有冲突时就采取折中的方法。

这样似乎公平，但也意味着没有足够的东西使每个人都得到充分的满足。因此，这种方法并不是最好的解决之道。如果你想让自己的想法得到充分的满足，那么你对这些爱折中的人得格外注意了，在发生冲突时他们普遍表现为：

维系友谊

以最公平的方式处理

平均分配利益

避免独裁或者放低姿态

为自己争取利益

避免意见冲突

看似委曲求全

折中的高明就在于“得了便宜又卖乖”，你感觉折中的这个人是放弃了他自己的一部分利益然后才换来了你的利益，但实际上未必是这样。就好比你去买一件衣服，店家要价480元，你砍价到400元，店家便说：“折中吧，440，给你了。”这句话常让人觉得店家的大度，但实际上你或许应该再坚持一下，或许你可以以420元买到了。

当然，有些时候折中的确是很好的办法，比如你刚回家就看见两个儿子抢着要吃一块面包而争闹不休。于是，你让哥哥先将面包切为两半，怎么切没关系，但条件就是让弟弟先选。这就是很好的折中的办法。所以，你需要判断对方采取折中的方法究竟意味着什么。

这里列举了三种习惯，即逃避、输赢和折中，并不是说它们就是错误的，在某些时候，它们是恰当的甚至是唯一正确的选择，但是有些时候需要你灵活运用，尤其是当别人在使用这些方法的时候，你得明辨是非。

高语境与低语境

美国、加拿大、欧洲、以色列和澳大利亚是低语境文化的范例，这些国家的人喜欢直接平实的互动方式，说话直来直去；而东方以及非洲许多国家是高语境文化的范例，这些国家的人偏爱非直接的互动方式，语义很少由词的字面意义来传递，而更多地由空间、时间和情境以及说话者之间的关系等预警来暗示。

如果你曾经和一些西方人打过交道，或是你身边有些朋友曾经与他们有过交流，你就会知道，开头所说的并不是稀奇的事。没错，你一定也不用怀疑这样的说法，这是人类学家爱德华·霍尔经过多年研究才做出的结论。

实际上，低语境和高语境并非一定要发生在东西方不同的国家，在你的周围也会有一些人属于低语境的人，而另一些人属于高语境的人，那么，当你与他们沟通时你就必须懂得如何处理和应对才不会漏洞百出。

比如桑尼是个高语境的女人，你在和她说话的时候很难揣测出她的真实意思，因为她总是对自己的想法遮遮掩掩——当你问她“桑尼，今天我去你家附近的超市，要不要我顺便送你回家”时，她总是会说“不用了，谢谢你”之类的推辞话，但实际上，她的心里却在想“如果再问我一遍，也许我就……”

你瞧，这多么让人费解，难道想要帮助你的人还得学会猜测你的“推辞”是真是假吗？没错，对于这样的沟通对象，你的确需要费点心思，所以一些文化差异，比如教育经历的不同、生活环境的差异都会造成相对高语境和相对低语境的人，并造成又一个棘手的沟通问题。如果你足够细心，你会发现在与他们进行沟通时非常容易在以下的两个方面出问题：

语句的意思

对于高语境的人来说，一而再、再而三地道歉是表示友好和谦虚，并显示出沟通的双方地位平等。但如果你对着一个低语境的人不停地道歉或是道谢，他们会觉得很不自在，甚至觉得你多此一举。因此，你要明白与你进行沟通的到底是什么样的人，并学着适应和顺应他们的方式。比如对于高语境的人，你要有足够的耐心，并且能够运用足够委婉的语言来与之交流，如果你太过直白，对方会认为你是个粗鲁的家伙；但是对于低语境的人，你的语言就要简单明了，如果你绕来绕去，他们会觉得你是个不可靠的人，当然他们还可能无法领会你究竟要说什么。

达勒是个粗枝大叶的男人，他从来都是低语境的人。但是他的妻子却与他完全不同，为此他们时常发生误会。一次，达勒到一个海滨城市出差。临走时，妻子对他说：

“到那边要照顾好自己，想要买什么就买，虽然是出差，但是到这么美丽的地方也很难得。”

达勒对妻子的话随便应了一声，他没觉得妻子的话包含什么意思。但实际上，妻子的意思是——我希望你回来的时候能够送给我一两样具有当地特色的礼物。遗憾的是，达勒根本没有听懂妻子的弦外之音。他在那个海滨城市逗留了半个月，工作一完就回家了，而且是两手空空。

妻子当然很不高兴，连续一个礼拜心情都不好……

空间和接触

你有没有发现，当你和某人在一起时，如果他距离你太近，你会感觉不自在，而另一些人哪怕是和你勾肩搭背你也觉得很舒服。这就是“自在区域”，每个人都会有自己的“自在区域”，以及合理接触的不言而喻的规则。

一般来说，对于高语境的人，你不要距离太近，或者随便拍拍打打，除非你们是非常亲密的关系，否则容易让对方产生不安全的感觉，甚至有些人会对你产生反感，认为你是个不懂规矩的人，这会给你们的沟通带来某种程度上的不愉快。而如果是低语境的人，他们一般不会介意你离得近一点，相反，如果你总是刻意保持某种距离会让他们感觉生疏。

比如一位母亲在与医生谈论起儿子的病情时，感觉有必要距离医生近一点，这样会显得更加亲密。但是医生却感觉离得太近，因此她后退了半步，以期让自己待在自在区域内。但是这位母亲则试图靠得更近一些，这又使医生感到了不自在。就这样，他们一进一退折腾了好半天。最后的结果是：这位母亲认为“她在有意回避我”，而那位医生则认为“她太不懂规矩”。

所以，不同的人需要不同的对待，当然，这需要你下一番功夫才能摸索出经验来。

无法改变的性别

一个奇怪的现象是，从牙牙学语开始，女孩和女人就总是偏爱相互依赖和合作、以一致赞同来做决定、渴望亲密性、喜欢窃窃私语、注重感情细节、想要了解问题……而男孩和男人则总是偏爱独立和自主性、以实力说服或少数服从多数做出决定、渴望自己的空间、喜欢当众发表意见、注重事实细节、给予他人忠告和分析……

如果你是男人，你一定没少说“女人就是这样，真没办法”，而如果你是女人，那么你也一定说过“他们男人总是那样……”这的确是个问题——他（她）们好像天生就是那副德行，让你简直没法与之交流。

但不与他（她）们交流又是不可能的，你每天都要与异性打交道，而事实上，最常见也是最具有潜在伤害性的沟通问题往往发生在异性之间。

你或许会反驳说：人对人是有共感的。这句话本身的确没有什么问题，但它需要有一个前提——相对于其他动物或植物。比如你无法想象一棵树的感受，就算你想了也无从求证是不是正确；人又可以对于同一种族产生共感，因为大家有着相同的生长环境、相同的文化习俗，但这要相对于其他文明的人；同样地，男性或女性也常说“同样是男人（女人），我能体会你的感受”，这是因为自己也有类似的经历。但是，你让一个男性想象女性怀孕时的心情，或者让一位女士想象男性“英雄救美”时的感受都是无法实现的。

杰卡和米玛是一对孪生兄妹，虽然他们已经一起度过了八个年头，但他们之间总是冲突不断。比如有一次米玛说："我没有衣服穿了。"杰卡立刻反驳说："衣柜里全部都是你的衣服，你怎么能说没衣服穿呢？"

那么实际是怎么回事呢？当米玛说"没有衣服穿"的时候，她的心里在说"我没有新衣服穿了"；而在杰卡看来，"没有衣服穿"则意味着"衣服全都破了或不合身或者全都是脏的"，所以，他才会气鼓鼓地反问米玛。

还有，他们对待同一件事情的反应也有很大差异。由于两个孩子都喜欢吃零食，所以爸爸想要和他们好好谈谈。但是，当他们听到爸爸说：

"今天晚饭后，我想和你们谈谈关于零食的问题。"

两个孩子竟然为了这句话吵了起来。在听到这句话的第一时间里，两个小家伙一同走进卧室，杰卡说："完蛋了，米玛，爸爸可能会批评我们，因为我们最近吃零食太多了。"但是米玛却说："不会的，爸爸最疼我了，他不会批评我，他会给我另外一些好吃的。"

由于意见完全不一致，而且米玛还说"爸爸最疼我"，所以迅速惹恼了杰卡，他说了很多难听的话，这让米玛无法忍受，她边哭边跑去爸爸那里"告状"……

这并没有什么稀奇的，因为男女的确存在差异，这并不是我们信口开河。临床研究发现，男女两半脑之间的桥梁——胼胝体是不一样的，女人的要比男人的发达；而且，女人是左右脑同时运作，如果女人的两个半脑之间要通话，就好像是16条线的大道，8条过去，8条回来，畅通无比。但是，男人的两个半脑中间的连线，则是一条过去，一条回来，这还不能保证它们时刻都保持通畅，偶尔发生短路也说不定。

那么，对此你能做些什么呢？男人可以培养自己变得更敏感、更会表达感情、更会克制自己天生的争强好胜的冲动，而女人则可以训练自己变得更自信、更坦率、更善于解决问题。现在我们先来看看男人需要做哪些方面的训练。

1. 试着建立关系。每天回家，你最好先与你的妻子拥抱一下，而不是直接走向电视机或冰箱。这样做的好处是，你的妻子能够感受到你与她是有关系的。

如果是在社交场合，你可以观察一下这种关系链是不是变成了内群体和外群体，或者变成了男人帮和女人帮。然后，你可以用下面的语言来修复：

“让我们别因为这个毁掉了我们之间的友情。”

“男人和女人都是诚心诚意的，都是为了满足大家的需要，难道你不这样认为吗？”

2. 寻找共同标准。与女人打交道时，一定要摆脱支配、敌对和竞争的念头，如果你能够试着讨论你们的相互发现而不是竭力想胜人一筹，那么你会发现与她们沟通也不是难事。因为，对于女人来说，平等和合作要比谁赢谁输更为重要。

3. 决定一起来做。男人的确喜欢对事情进行表决，并喜欢按照多数裁定的原则来做出决定。但你必须知道女人可不这么想，她们愿意花更多的时间将事情讨论清楚，直到大家达成一致。那么，现在你要培养耐心，不断告诉自己她是在寻找合作途径。

4. 表达你的欣赏。当一个女人做了一件自认为非常棒的事情时，她们对于赞赏的渴望甚至会远远超过奖金和地位。比如，当你和一位女同事涨了同样的工资，并得到领导“干得不错”的真诚评语后，你可能把涨工资看作是自己辛苦付出的最佳报酬，而你的那位女同事却会将领导的话看作是一种无法替代的赞许。

5. 学会闲聊。你甚至觉得闲聊对于你来说简直是一种折磨，因为那些无关痛痒的话说来说去却毫无意义。但是女人却热衷于闲聊，她们认为谈话是一种维系关系和亲近感的方式。所以，当女人问你一个毫无意义的问题时，要认真回答，即便你的回答平淡无奇或毫不相干，但一样可以成为你们关系的黏合剂。

6. 让她分担你的困难。你或许也在遵守着“男儿有泪不轻弹”或者男人要“扛事”的定律。但在女人面前，你这样做未必会让你们的关系拉近，相反，她可能会觉得她和你不够亲密，所以你才不和她说。那么，不妨告诉她你为何烦恼，她们绝对不会用劝告或是不现实的解决方法来搪塞你，相反，你的男性友人则可能这么做。

7. 公共场合也谈私事。别以为公共场合就必须一本正经地谈论所谓的大事，在办公室、学校或者宴会上，如果你和某位女性透露一点你的个人生活，比如你的住房、你的想法、你的感情或你的业余爱好，用不着事无巨细，她一定听得津津有味。

8. 以理解代替忠告。对于你来说，解决问题意味着你的能力和才智，所以男人总是喜欢把事情搞定，一旦抓住一点线索就想彻底解决。但女人不一样，当一个女人开始与你谈话时，她未必想要你帮她出谋划策，所以你最好闭上一会儿嘴巴，看着她的眼睛，点头说“我理解”“我明白”。哪怕这会使你感到怪异，但这对于说话者来说是莫大的安慰，甚至于她潜意识里的目的也不过如此。如果你一定要替她把事情解决掉，说不定她会灰心丧气。

再来看看女人需要做些什么训练。

1. 注意观察形势。当你在男人圈中说话时，需要留心一下谁想要加强自己的地位，谁想要惹人注意，谁在试图比较，谁想得到支持。这能够帮助你更好地理解男人的谈话，也能够让你更巧妙地周旋。当然，男人们的谈话并非都与地位有关，但你一旦碰到这种对话，就需要有辨识他们内心活动的能力。

2. 阐明自己的立场。女人往往喜欢含蓄，但是男人不一样，他们喜欢知道你到底站在哪一边，哪怕你与他们意见不同也没关系。对他们来说，明确地知道各方的立场要比不明不白的默契更重要。所以，如果你能够清楚地表明你的意见、感情和需要，你就有较大机会赢得男人的尊敬和合作。记住，一定程度的友好竞争在大多数男人眼里并不是什么难以接受的事，相反，他们常常感觉这是自在的，也是自然的。

3. 学会表决。女人喜欢讨论，男人喜欢表决。如果你希望在男人圈中赢得尊敬和感激，不妨试着说：“我们为什么不停止争吵，进行表决呢？”

4. 给他一些“空间”。有时候，你会觉得你的配偶和你有点像同极的磁铁一样，你越靠近他，他就越想跑。他这样做往往并不代表他在拒绝你，而是他想要一点自主选择的空间而已。如果你想继续靠近他，就请直接说吧，而不是不断地侵入他的空间。

5. 要学会独立行动。虽然你和你的配偶可以在家里的很多事情上都齐心协力，互相合作，但你迟早会发现有些事他根本没有兴趣和你一起做。那么，准备独自行动吧，别再浪费时间要他帮忙了。对于这样的事情，他不但不会怪你，还会赞赏你，因为你为他释放了空间。

6. 表达你的尊重。相对于男人来说，尊重比认可和赞同要重要得多，如果你能够坦诚地对一个男人说“我不同意你的看法，但我尊重你的信念”，那么在以后的日子里，他很有可能站到你的一边。

7. 多一点沉默。女人常常喜欢为说而说，但很少有男人沉迷于聊天。所以当你的男性伙伴沉默不语时，不要以为他是在灰心丧气，或是故作清高，或对你没有兴趣，他们沉默只是因为他们自己觉得没有什么重要的信息要告诉你。男人以任务为中心，如果你希望一个男人与你有话说，那么最好是找一件你们可以一同来做的事情，比如种植花草、整理书架等。

8. 关注事实。当男性向你交代或询问某件事情时，你必须忘掉所有的情感暗示，并详细地说出或问清所有的细节。在事实面前，你喜欢他或他喜欢你都是零。所以，当你的男性伙伴想要知道事情的来龙去脉时，你要详细地告诉他，否则他肯定会产生“女人总是磨磨唧唧”的想法。

9. 寻求帮助、忠告和指导。刚才已经说过了，男人总是试图把事情办好，他们喜欢出点子、指方向，所以当你需要人帮助时，只要你肯说出来，他们一定会尽力。当然，如果你只是希望他们以同情和体恤的心情来听你说话，理解你的感受，你需要清楚地告诉他，否则他会给你提供一大堆无用的建议。

尽管我们给出了不少关于男性与女性的沟通训练法则，但你也知道，理论和实践相差有多么遥远。为此你可以做个“仿佛”练习。这是一个富有挑战性但很有价值的练习方法：首先，你要回顾一下男人和女人在沟通时需要注意的事情，留意那些与你的性别相关的异性沟通训练法则，标出你的沟通中不常见的条款。然后把自己想象成异性那样行动，但你需要对那些不常见的条款格外留意。比如，你是一位女性，但在女性的沟通训练法则里，“阐明自己的立场”这一点你总是做不到，那么现在，你把自己想象成一名男性，在一整天的时间里，你在与别人沟通的时候都要尝试“阐明自己的立场”。

一天之后，对自己的“仿佛”训练做个评估，看冲突是否少了，你是否会更受赏识。当然，你也可能会感觉不自在。但当你看到新的沟通模式所带给你的积极后果后，相信你的天平会倾向于继续付出“不自在”的代价。

第八章 非语言沟通

第一印象的影响

你或许不喜欢“先入为主”，但你不能否认第一印象的强大威力。当你第一眼就觉得眼前的人“很不错”时，你们的良好沟通也就从此开始了……

一次沟通是否成功往往要由最终的结果来判断，但从某种角度上说，第一印象由于具有“先入为主”的作用，所以常常会对沟通造成不可估量的影响。因为你给人形成的印象并不是一种单独的状态，而是你的思维习惯、行为习惯及情绪习惯的综合体现。对于要和你进行沟通的人来说，你给他的第一印象或是成熟，或是优秀，或是文雅，或是娴静……不同的印象决定着不同的沟通氛围，而不同的沟通氛围又决定了不同的沟通结果。

第一印象非常重要，但不幸的是，你只有一次创造第一印象的机会，错过了这次，你所创造的就绝对不再是第一印象，而是第二、第三、第四……印象了。而且更让人惊恐的是，第一印象常常很顽固，它们能够在最初给人们造成巨大的影响并长久不易改变。为此，你如果想要你的沟通有一个良好的开始，那么就必须在“第一印象”上下点功夫。

形象

你可能和很多人一样，是个“外表鄙视论”者，你认为内心的高尚要比外表的华丽更值得尊崇。这个想法没错，但如果用在沟通上面，恐怕你不能那么绝对，你必须给你的外在形象留那么一点表现的机会。因为研究已经发现了一个“可怕”的事实——50%的第一印象竟然是由你的外表决定的。你穿衣服的方式，你所佩戴的饰物，以及你的年龄、身高和体重等诸多看似无关紧要的因素都成了第一印象的重要部分。当然，年龄、身高和体重我们绝不能说变就变，所以你能够入手的就只有着装了。

如果你只是和几个朋友或者家人闲聊，那么你穿什么并没有关系，因为你们早已不是“第一印象”也不再需要“第一印象”了。但如果你需要参加商务活动或者和比较重要的人进行沟通的话，最好遵循那些不成文的（但却真实的）着装惯例，即便是看起来很休闲的衣服也要注意外套与衬衫或领带、围巾或项链的颜色搭配。

身体语言

你可能并没有注意到这个事实，就是我们给人们的第一印象大约有41%来自于我们的行为，也就是我们的身体语言。你的各种身体语言都会给对方一个第一印象，而对方也会据此来对你做出注意、尊敬或者忽略、讨厌的反应。

当然，如果你想要留下好的第一印象就要有好的举止，包括在松弛的活动中放开双手（注意不是突然的或者快速的），或者一个笔直的昂首挺胸的姿态（而不是垂头丧气或弯腰驼背）。除此，还有坚定的眼神接触（不是盯着对方目不转睛），一个中性的面部表情，你内心的真实流露，以及一个放松的颌部（不是松懈的），这些都是给你的第一印象加分的身体语言。如果你能够再送出一个可信的微笑会让人感到放松，同时在对方的身上会产生一种类似于化学能量的良好感觉，这可以极大地改进你给人留下的第一印象。

声音

与人沟通时，你得做一些额外的功课，比如：最初几句话运用的语调将会对你的整个沟通过程产生至关重要的作用，你应该使用沉稳的、镇静的和强有力的语调，而不是过高或过低的语调。你说话应该流利，不要犹豫不决，并且要能够肯定地甚至是有节奏地强调关键词和语句。

我们可以肯定地说，一个良好的第一印象常常是不自在的，或者说不是完全放松的，因为你要做到你所能做到的一切美好的举动，通过你的站姿、行动、表述和个人外观来建立一个明确的良好的第一印象。这样做虽然看起来有点麻烦，但你最终会发现这种麻烦是值得的。

寻常姿势传递不寻常的信息

你的脚步、你的笑容、你眼睛里的光芒、你手臂的位置、脚尖的朝向……你以为自己什么都没说？不，其实你什么都说了。

你睡醒后觉得有点头昏脑涨，你判断自己可能是感冒了，但还没有严重到必须卧床休息，所以你坚持上班去了。你的一个同事一看到你就说："你看起来好像感冒了。"他就是通过非语言渠道知道这一点的，通过你的姿态、你的脸色、你的表情，即使你一个字也不说，他也能知道你的感觉。

这的确是一个神奇的过程，但遗憾的是我们通常意识不到自己的非语言行为，比如当你与自己不太喜欢的人站在一起的时候，总是不自觉地保持一定的距离，而和自己喜欢的人在一起时，你就会不自觉地离得很近；或者当你感到不耐烦想要尽快结束谈话时，你的眼神会变得游离，你可能会不停地看表，或是四处张望——虽然你什么也没说，甚至嘴上说着一些其他的话，但你的非语言系统已经告诉别人你的心里到底在想什么了。

现在你是不是又有点担心呢？因为自己的身体可能会背叛自己的思想，有时候你并不想让别人知道你讨厌她，或者你不希望别人看出你在说谎，可是自己身体的某个动作或者眼神却直截了当地告诉对方你在掩饰自己的真实想法。这的确是个问题，如果你不注意的话，肯定要被它击中。但这也同时是一件值得庆幸的事，因为如果你足够细心，同样也可以看出对方的心思，假设你掌握了这个窍门，能够读懂生活中司空见惯的姿势或动作的话，那么你肯定能够把话说到对方的心坎里，然后成为一流的沟通家。

当然，在这之前，你得先了解一下有关这方面的知识，比如：

想象中的线头

当一个人对另一个人的意见或态度不同意，但又苦于受到其压制而无法表达自己的观点时，就会做出这样的姿势。他们会试图从衣服上挑出线头来（实际他们的衣服上很光滑，并没有线头），而且在做这些与谈话毫不相关的动作时，他们的眼睛不看别人，甚至连衣服都不看，只是看着地板。这表明他根本不同意对方的话，无论他口头是否表示同意或赞赏。

如果你遇到这种情况，你必须采取进一步的措施，否则你没法得到对方的真实想法，你可以身体前倾，对其温和地问“你认为怎样”或者“我想你可能有些意见，能告诉我吗”等类似的问题。然后，你只需要坐回椅子，手臂分开，手掌自然摊开，等待对方回答就好了。

当然，也有人不爱挑线头，他们或许喜欢揉捏纸团，或是把褶皱的本子不断用手抚平，或者他们也可能把玩自己的指甲等，这些毫不相干的动作都有类似的作用，你得注意。

点头和摇头

在大部分的时间里，点头表示“是”，即肯定，摇头表示“不”，即否定。但是在沟通的时候，有人可以说一套做一套。

识破伪装的简单的方法是，注意对方是不是一边说“是”，一边摇头，比如对方一边摇头一边却说“嗯，我了解你的想法”，或是说“下次我一定找你合作”之类的话。虽然他的话听起来很有说服力，但是摇头的姿势表明他对你完全是否定的态度，所以你对他的话一定要有保留的态度。

当然，很多时候对方摇头的动作不会十分明显（事实上摇头很明显时也无法说出诸如“是”等十分肯定的词语），他们或许只是轻微地把头向一边歪了歪，所以你要能敏锐地抓到这个瞬间。

抬头、歪头和低头的奥秘

这是三种最基本的头部位置，也表示着三种不同的态度。通常来说，抱中立态度的人头部会抬高，且静止不动，当然偶尔也会轻微点头，但这并不表示他很赞同，他依然是个中间派。

如果你的沟通对象在你说话时把头歪向一边，那么说明他对你的话很感兴趣。所以，如果你想让对方感觉温暖、和善，你也可以把头略微歪向一边，然后不时地点头。这并不是人类所独有的动作，如果你去过动物园，接触过一些温驯的小动物就会发现，当它们对你表示友好时，也常常会倾斜着头，并用和善的眼光看着你。

而低头则是负面态度的表示，有时他们只是低着头并没有说出否定的语句，但这同样表明他们有些不一样的想法。他们只是觉得时机不到，或者迫于某种压力而没有表达出来而已。

双手在脑后交叉

你肯定遇到过很多人在你面前摆出这个姿势，现在来回想一下，当时你是怎样的心情呢？是不是有点感觉压抑，甚至有几次你还感到有点愤怒呢？这就对了，摆出这种姿势的人，他们心里往往在对你说“我早就知道一切了”“你还差得远着呢”等话，似乎一切都在他们的掌控之中，而你显得不值一提。所以，这种姿势很少会用在自己的上司或者长辈面前，而你面对这种姿势时，他们就可能是你的上司，或者会计师、律师、业务经理等自信心强、支配性和优越感也强的人。

要化解这个局面，你需要见机行事。如果你想探究对方深层次的想法，你可以身体前倾，手掌摊开，明确地告诉他：“我知道你有别的想法，能不能说出来呢？”另外，你还可以在对方伸手不及的地方放置物品，并对他说：“你看到了吗？”这样可以迫使对方改变姿势。当然，模仿也是个好办法，这可以表明你与对方的意见一致。但是，如果对方正在指责你，那么，你的模仿就意味着你在威胁他。而如果你是个淘气的学生，在校长办公室模仿他这个动作，你就有可能倒大霉了。

双手叉腰

如果你喜欢看“动物世界”的话，一定知道，鸟类在进行争斗或者求偶时，会弄松自己的羽毛来使自己的体积看起来更庞大。有趣的是，为了相同的目的，我们人类也会采取这个姿势。比如两个相互争论的人，或是在休息室等待下一回合比赛的拳击手，他们通常都会采取这个姿势。有研究人员说这是一种“预备”姿势，也有人说是“锁定目标”，但无论是哪一种，这个姿势都表明他们要采取某种行动。所以，如果你的沟通对象在你面前出现了这个姿势，很可能表明你们的沟通并不成功，甚至你可能要迎接一场“战斗”。

结束谈话的姿势

在沟通中如果你看见对方两手放在膝盖上、身体向前倾，或是两手抓住椅子，这表示他现在就想结束谈话了。此时，你最好先发制人——立刻结束谈话，这样你至少可以在心理上掌握一定的主动权。

相同的举动

在你参加聚会或是在人多的场所时，总能发现许多人会采取和说话对象一样的姿势。但他们并非有意这样有样学样，只是因为他们有相同的想法和态度，所以才不知不觉地变成同样的姿势。比如，在一个酒吧的吧台前，两位男士正在聊着他们都感兴趣的话题，而他们就如同其中的一个人在照镜子一样，当其中一人松开手臂和双腿时，另一个人也跟着做，或者当其中一人端起酒杯，另一人也跟着端起酒杯。

所以，模仿行为实际上是别人在用肢体语言告诉你他同意或者喜欢你的一种方法。当然，你也可以通过简单的复制别人的动作和姿势来表示你对他们的赞同或喜欢。

卡雷在推销过程中总是能够打动那些冷漠客户的秘诀就是这个。他总是模仿客户的每个动作，直到自己创造出和谐的气氛，然后再开始推销，而只要顾客也开始模仿他的动作，那么卡雷就知道，这笔交易要成功了。

另外，卡雷还注意到，当他登门向一个家庭推销产品时，假如丈夫一直说话而太太一言不发，但丈夫却在模仿着太太的姿势，那么不用说，太太才是具有决定权的人，所以针对太太说明产品才是好主意。

低姿态与高姿态

有研究显示：高个子比矮个子更容易赢得尊重，所以如果你想要在某人心中留下优越的印象，不妨用用这个原理，将自己的位置置于对方之上，也就是让对方仰视你。比如，你可以倚在办公桌的桌角上，俯视椅子上的来客；或者你可以站起身来，对围在会议圆桌的同事说出你的想法。

……

你已经看到了很多平常姿势里的奥秘了吧，但在实际的沟通中并不只是这些，你还需要慢慢地体会，然后获得更多的身体语言的含义。

身体方向和心灵方向

当你的朋友嘴里不停地说着“和你说话真是说不够”时，你有没有注意一下他的身体？如果他的身体明显朝着门口，那么他肯定是在说谎，这一点你绝对不用怀疑。

你经历过上面所说的这种情形吗？或者你自己也有过这样的经验。有时候，你的朋友一直拉着你说个没完，但你现在很想马上离开，因为你知道回家太晚，妻子会对你不客气。于是，你嘴上说着非常喜欢和你的朋友见面，而你呈现出来的画面却是另一番景象——你面对着他，脸上的表情很明显，或者微笑或者点头；同时，你的身体和双脚却面对着门口。

你可能会觉得奇怪，自己根本就没有接到大脑的指令把身体或脚尖朝向门的一边啊？这是一种无意识的动作，你的大脑的确已经发出了这个信号，只是你忙于说瞎话，比如“我太愿意和你谈心了”“真舍不得离开”等，而没有注意到这个指令。一个人的身体或者双脚的朝向，常常能表现他内心向往的去处。那么，当你在与他人面对面的交谈中发现这些信号时，你应该想办法让对方对你们的谈话提起兴趣，否则你必须尽快结束谈话，以掌握一点主动权。

洛克在这方面就是个高手，他总是能通过自己的身体方向让和他交谈的每个人都得到很好的照顾，从而避免很多不快。

有一次他和自己的老同学林志见面，而林志还带着自己的妻子。他们坐在一张桌子上，林志和妻子坐在一边，洛克自己坐在另一边。洛克和林志聊得很开心，但他注意到林志的妻子几乎一言不发，这让洛克觉得有点不舒服。于是，当林志问他最近有没有打算跳槽时，他改变了自己的身体方向——向林志妻子的方向略微动了动，在开始回答时看着林志，然后把头转向林志的妻子，然后回头看林志，再看林志的妻子，而在最后结束回答时，他则注视着林志，毕竟问题是林志提出来的。

他的这个小技巧让林志的妻子感到自己仿佛也参与了谈话，于是回到家里后，林志的妻子说洛克是个很会谈话的人，他能够让每个人都不感觉到自己被冷落。

这的确是一种技巧，当你准备接纳或是不准备接纳时都不用直白地说出来，只要用身体的方向就可以明明白白地告知对方。比如你现在正在和一位朋友聊天，你们正在谈论公司里的一些不合理现象。由于是一种亲密关系，所以你和这位朋友可能是面对面交谈，也可能是你们肩并肩、头碰头地窃窃私语。这时另一位同事走了过来，你们知道他和你们上司的关系非常好，所以这个话题绝不能让他知道，于是你和你的那位朋友对他点点头表示知道他的存在，但你们并没有挪动身体，而是依然肩并肩地说起了其他话题。

很明显，你们不准备接纳这个人的到来，你们在用身体的方向告诉他——赶紧走吧，这里不欢迎你。

当然，如果这个人是你们共同的朋友，你们想让他加入你们的谈话，那么你们除了向他点头之外，身体方向肯定会发生改变，比如两人原本面对面交流，现在会不自觉地改为九十度，也就是说你们的封闭式体位会变成开放式体位，或者你们由原来的肩并肩、头碰头改为离开一点距离，以示给另外的人留了加入的缝隙等。

这样的身体方向的含义同样也可能被别人用来暗示你某种意义，比如当你走近某两个人或几个人时，他们固有的封闭式身体方向没有发生变化，那就说明他们一点也不欢迎你的到来，那么你还是悄悄走开比较好。而如果他们为你敞开了一个缺口，那么你就可以大胆地进入他们的谈论，因为这表明他们在邀请你。

除了身体的方向，脚的方向也常常透露出你的心思，比如当你和一堆人站在一起的时候，你的一只或两只脚的脚尖会不由自主地朝向你最喜欢的那个人，而如果你注意观察的话，你会发现对你有好感的那个人的脚也是朝向你的。

你看，我们的身体方向就是这样不自觉地暴露着我们的心灵，所以你不仅要注意观察别人，也要注意把握好自己的身体，否则说不定什么时候它会偷偷地把你的心思告诉旁人呢。

视线是心灵的透视镜

她愤怒地瞪了我一眼；

她那双大眼睛像孩童般天真无邪；

他的眼神诡秘多变；

他用一种邪恶的眼神看着我；

她的眼睛发出无言的邀请……

尽管你自己可能并没有注意到，但是眼睛对行为的影响一直都在你的心灵深处，所以你对于“她愤怒地瞪了我一眼”“她那双大眼睛像孩童般天真无邪”“他的眼神诡秘多变”“他用一种邪恶的眼神看着我”“她的眼睛发出无言的邀请”等一点都不陌生。

或许你还清楚地记得你第一次约会时的情景，当时，你的女朋友什么都没有说，她只是用眼睛看着你，但你一样能够感觉到她对你一点也不讨厌，甚至感觉很不错。

这就是眼睛的作用，它如同心灵的透视镜一样，将心里的想法完完全全地透露出来。所以了解一下有关眼睛的各种沟通知识是很有必要的！

视线行为

当你在与人谈话时，你会发现，有些人让你感觉很舒服，而有些人却让你感觉不值得信赖，甚至不想继续交谈下去。但究竟是为什么，你自己也觉得奇怪。

实际上，沟通过程中的这种感觉与说话时彼此的视线注视时间有很大关系。研究发现，当一个人有所隐瞒或者紧张胆怯时，他的眼睛和你的眼睛视线相接的时间会很少（少于三分之一），这会让你感觉到不踏实，并会对其产生不信任感。

所以，你要对你们视线相接的时间长短加以注意，因为这些信号所传递的意思，对方很可能会自行加以解释。为此，你需要大概一个月的时间来有意识地练习这些眼部动作，以此增进你的沟通技巧。

比如你要参加商谈，那么你得想象一下对方的额头和双眼之间有一块正三角形，而你的视线落在这个地方则会产生一种严肃的气氛，对方能够领会到你是在正经地谈生意，而不是随便聊聊。如果你的视线能够始终保持在对方眼睛以上的位置，那么你就能够继续掌控你们的交谈氛围和互动关系。

如果你在进行的是一场社交沟通，那么你的视线要保持在对方的眼睛以下，因为实验显示，在社交场合注视对方的双眼和嘴巴之间的倒三角区域最为合适。

但如果你是与亲密的人进行沟通的话，那么上面两种都不合适，你的视线可以经过对方的双眼往下经下巴到对方身体的其他部位，假如你们的距离比较近，那么在对方两眼和胸部之间的三角形区域是不错的注视范围。

另外，斜视（斜着眼睛看人）也是很多人常见的眼部交流。当你看到对方对你斜视，同时出现的还有高挑的眉毛或微笑时，那么恭喜你，他对你很感兴趣；如果对方在斜视你时，还出现下垂的眉毛、皱眉头或嘴角下垂时，则意味着他对你表示怀疑，或者他对你怀有敌意。

令人恼怒的闭眼

你可能根本无法想象在沟通中的人会突然闭上自己的眼睛，但这是事实。闭眼很多时候并不是你的有意识行为，有时候你感到无聊或者自认为优越的时候就会出现闭眼的情况，而将对方排除在视线之外。有研究发现，一般情况下，人的眼睛每分钟眨15次左右，如果对方闭眼超过一分钟，那么说明他很想把你的形象从他的心中抹去。

如果对方闭眼的同时，还将头向后倾，然后再看着你，也就是对方“眼睛长在头顶上”，这只能说明一个问题，你的谈话让对方很反感，你必须换一种方式进行沟通了。

控制对方的视线

你也知道“人脑有关信息的87%都是通过眼睛来获得的”这个信息吧。没错，我们所获得的信息只有9%通过耳朵，4%通过其他感觉，而剩余的全部由眼睛来获得。

比如，当你正在说话时，某人注视你的视觉辅助资料，即便你所说的事情和他看到的不直接相关，他也能吸收至少9%，而如果你所说的信息恰好和他看到的有关，那么他至少能吸收25%～30%。

所以，如果你想对方尽可能多地了解你的信息，你就必须学会控制对方的视线。在这方面，乐东是把好手。

比如他在跟别人随便聊天的时候，他的眼神会随着对方的眼神而转动，跟随对方的视线，眼神交汇的片刻，他会做出相应的反应，会有点夸张，但这绝对是吸引对方的好方法。

而当他自己在发表看法或者说话的时候，他会配合一些适当的动作，或者用“你看这个瓶子”“那个颜色就和我这件衣服颜色差不多”等句子来控制对方的视线在自己手里。

另外，由于他是个推销员，所以经常要给客户讲解自己的产品。这时，他们一般都是坐下来，仅就产品交谈，所以一些夸张的表情和很多动作实际上派不上用场。

此时，他的做法是拿笔指着那些产品资料，同时加以说明。然后他经常会把笔停在他和客户的眼睛之间，这样就可以吸引对方抬高头部，注视他的眼睛，并看着他，听他说话，所以就能够记住有关他们产品的更多信息。

当然，他在说话时，另一只手时常是打开的，因为这也有助于吸引对方的视线，让对方的注意力始终在自己身上。

能够测谎的手和脸

当一个孩子说谎时，他们通常会用手捂住嘴巴；如果他不想听到父母的斥责，他会用手捂住自己的耳朵；而当他不想看到某些东西时，则会用手遮住眼睛。

那么，你知道吗，这些姿势不会随着年龄的增加而消失，它们如同测谎仪一样透露着你的想法……

没错，当一个孩子说谎时，我们总是能够轻易地看出来。因为孩子的心理还不够强大，他们总是不能很好地掩饰自己，所以他们的小手会不由自主地捂住嘴巴、摸摸鼻子或者耳朵等。可是，这些动作依然是成人沟通中的测谎仪，这种说法你相信吗？

那么我们先来看一个研究。美国的莫里斯博士曾经做过一项研究，他是在医院里针对那些护士所做的一项实验。

经过连续一周的观察，他发现了一个有趣的现象：当护士在角色扮演（也就是她们作为护士的身份）的情况下与病人说谎时，她们会比那些没有说谎的护士出现更多的手脸姿势。比如，一名叫做薇妮拉的护士就是这样。

薇妮拉最近的工作是护理两名病人，其中一个是患有乳腺癌的十岁孩子的妈妈，最多不过几个月的活头，一个是一位因车祸导致腿部受伤的男士。薇妮拉已经照顾他们有一段时间了，她感觉这两名病人都是非常不错的人，但命运之神却没有站到他们这一边，所以薇妮拉非常同情他们，总是想方设法让他们高兴，有时甚至会编造一些善意的谎言。

一天早晨，薇妮拉刚刚走进病房，就看见那名癌症患者在流眼泪，她赶紧走过去询问患者是不是哪里不舒服。这位患者看了一眼薇妮拉，说自己没有什么不舒服，只是舍不得自己的孩子，她很担心孩子。薇妮拉赶紧安慰她说：

“你不要多想，保持心情愉快，你会慢慢好起来的。”

薇妮拉在说这句话的时候，心里想的是：是啊，孩子多可怜啊。下意识地用右手的食指摸了一下自己的鼻翼。但这个动作薇妮拉做得很巧妙，让人看起来认为是挠痒痒。

另一位患者也受到过薇妮拉这样的欺骗。当时，那位腿伤的男士躺在病床上有两天没有见到自己的妻子了，而当他给妻子打电话的时候，妻子总是说她很忙，既要工作还要照顾孩子，所以根本没有时间来看他。虽然理由看似充分，但他还是很失望，因为这些借口听起来似乎并不可靠。所以，当薇妮拉不小心弄疼了他的腿时，他忍不住抱怨说：

“女人真是不可靠。”

薇妮拉感觉到这句话并不是针对她，所以她说：

“真是对不起，先生，我刚才的确用力有点大。但是，您真的觉得我很不可靠吗？”

这位患者闭着眼睛，忧伤地说：

“我不是在说你，我是在说我的妻子，她竟然找借口两三天都不来看我……”

然后他发出两声冷笑。

薇妮拉在听到这话时，第一时间想起了三天前她在走廊看到这位患者的妻子在为另一位男士整理衣领的情景。但薇妮拉不忍如实告诉这位可怜的患者，所以她说：

“不会的，她或许真的很忙，这里有医生和护士，所以她才那么放心的。”

但薇妮拉非常清楚自己在说谎，而当她想起那个场景时，不由得用自己的中指和无名指的指尖蹭了蹭自己的额头。

所以，很多时候人们看似不经意的肢体动作，尤其是手与脸的配合，实际上是一种语言骗术。他们未必一定是在对你说谎，但至少在他们的语言里包含有怀疑、不确定，或者夸张的成分，而且这一点他们自己非常清楚。如果你也能了解这些“暗号”的话，也将有助于你确认事实。

捂嘴

这是成人姿势中少数的与儿童类似的动作，当一个人说了一些自己感觉不太真实的话时，大脑会不自觉地指示手部去捂住嘴巴，好像在试图阻止这样的话说出来一样。这个姿势的标准动作是拇指按住脸颊，手掌盖住嘴巴；但有时也只是几只手指盖住嘴巴，或者是紧握的拳头靠近嘴唇。很多人此时会假借咳嗽来“顺理成章”地做出这个动作，但他们多数只是清了清嗓子，并非真的咳嗽。

好了，现在就让我们把这个秘密运用到你的沟通中吧。如果此时此刻，正在和你说话的那个人出现了这个动作，那么你最好想清楚他的话是真是假；如果你在说话时，别人恰好做了这个动作，那么你最好立即停止发表你的意见，问问你的听众对你的言论是否有什么意见。这样做的好处，一是有机会让听众公开讨论可能有的反对意见，二是可以为自己寻找一个澄清问题的机会。

摸鼻子

摸鼻子可以说是捂嘴的修正版，我们可以这样理解这个动作：当负面想法一出现，大脑潜意识地命令手去捂嘴，但是在最后的那一瞬间，为了让这个动作看起来更自然，手就快速地在鼻子的下沿很快地摩擦几下，有时甚至只是略微接触，然后迅速离开脸部。

当然，还有一种说法——说谎会使鼻子的末梢神经有轻微刺痛感，所以手就去摸鼻子。那么，如果摸鼻子的人仅仅是因为鼻子过敏呢，比如花粉、某种气味等，这种情况，他们摸鼻子的动作大而明显，而“说谎型”的摸鼻子则非常轻微。

另外，摸鼻子和捂嘴一样，说话者是在掩饰，而倾听者则用来表示怀疑。而且研究还发现，男性摸鼻子的情况比女性更为普遍，而女性在掩饰信息时更倾向于捂嘴。

摸耳朵

这个动作实际上是孩子用手捂住耳朵的成人版，是听者试图阻止谎言进入耳朵的不自觉的动作，其他动作还有挠耳朵、挖耳朵、拉耳垂等，这都表示听够了或者有话要说。

抓脖子

有人发现一个非常有趣的现象：当一个人怀疑、不确定，而又没有说出来时，常用这个动作来表达“我不确定”的意思，或者当一个人口是心非地说“我了解你的感受”时，也会抓脖子。另外，一个更有趣的发现是，这种不自觉地抓脖子的动作通常是五次，少于五次或多于五次的概率都很小。

拉衣领

有研究发现，当人们在说谎时会引起敏感的面部和颈部肌肉刺痛，因此需要摩擦或是搔抓来平复这种感觉。所以，当你看到和你说话的人在拉衣领，不妨温柔地说一句“请你再讲一遍好吗”，或者问一句“你确定吗”，很可能会让说谎的人原形毕露。

手支撑头部

你可以回想一下自己在什么情况下会出现这个动作，是不是多数时候是因为你觉得无聊才会这样呢？实际上，用手撑住头部的确是用来避免因无聊而打盹的。至于究竟有多无聊，则要看手支撑头部的程度，手支撑得越多就说明越无聊。如果听你说话的人甚至用另一只手敲起了桌面或者双脚不停地跺踏地板，那么需要采取一些行动，比如转换话题，或者引导对方说点什么。

摸头和挠头

你一定记得上一次老板交代你事情，而你将其忘掉时的情景吧。当老板找到你问你完成的情况时，你的手一下子就拍到了头上，或者开始挠头——你感觉很愧疚。

没错，这是一个挫折的信号，你不自觉地拍自己的头部或者抓头发，好像是你想惩罚自己一样。

但是，你需要注意的是，拍打头部的位置不同，所传递的意思也不一样。如果你的沟通对象拍了拍他自己的额头，表示他没有因为你提到他的错误而不悦，他可以用肢体语言化解他犯的错误，这类人通常比较开朗、随和；但是，如果他拍打了自己的颈背，则表示他对你有点意见，他可能是认为你在故意找他的麻烦，这类人遇事容易生气、挑刺或是抱着负面的看法。

要想精确解读各种手脸姿势并非容易的事，绝不可能一蹴而就。但是，当你遇到有人使用这些姿势时，可以很自信地假设——这个人的心里有负面的想法。接下来，你需要做的是想一想对方到底是怎样的负面情绪，怀疑、欺骗、不确定、夸张、轻视都有可能，你只有找到负面想法才能真正解决问题。

第九章 从观点到行动

做出决策的四种方法

当你们把所有的信息都装进了信息库，你会感觉“是时候做决定了”——

“就这么定了！”

“我觉得这件事这样做比较好，你认为呢？”

“不然，我们投票决定，同意的举手。”

你会选择哪一种呢？

如果你觉得时机已经成熟，是时候要做决定了，那么请你先不要着急。如果你能够在做决策之前考虑一下做出决策的方法，会对你有非常大的好处。通常情况下，命令、咨询、投票、统一是最常用的做出决策的方法，如果你够聪明，一定可以从这四种方法中找到一种最适合你的特定情况的方法。

命令的方法

命令决策通常发生在两种情况中：一是外力对整个沟通时间施加了要求，一是有人放弃了决策权而听从他人的决策。

在外力的情况下，沟通的双方都无须也不能发表自己的决定，因为这个外力的要求不会给你们任何回旋的余地。比如，周五下午，你和另一个部门的经理讨论下一周的工作应该做些什么，你们商量了大半天，当你们感觉事情已经有了眉目时，总经理召集全体中层开会，然后，总经理向你们交代了下一周的工作任务，但是它并不是你们想要做的事情。此时，你与另一个部门经理就处于外力之下，且你们的事情被外力决策了。这种情况下，你们的工作不是决定做什么，而是决定怎么做，从而开始新一轮的沟通。

当然，还有一种情况，就是其中一方主动放弃参与决策的权力。比如在米莱和丈夫的一次沟通决策中就是这样的情况，他们当时正在商量周末要去哪里玩。米莱说：

“我想周六的时候去商场买一条裤子。”

“好啊，不过周六正好有一场电影要上映，如果错过了实在可惜。”丈夫说。

“可是我很想让你陪我去买裤子。”

“那么，怎么办呢，亲爱的？你来决定吧。”

……

此时，米莱的丈夫就自动放弃了决策权，他愿意听从米莱的安排，或者说是命令（因为他没有任何参与）。

但是，如果你具有这样的权力，请不要像散发糖果一样发布命令，如果别人能够做出选择，最好让他们去选择，不要束缚他们的手脚。比如你的孩子，你可以给他订立一些规矩，比如保持家庭公共区域的卫生，见人要打招呼等，但是你可以让他们自己选择如何保持自己房间的卫生，也可以允许他采用自己的方式和别人打招呼。当然，这是要在保证健康和恰当的前提下。

如果你要下一道命令，那么你需要解释清楚命令背后的原因，因为让大家知道原因会使事情更容易理解。比如，你想要让你的手下加班，那么你应该向他们解释为什么要加班才能完成任务，主要是你应该解释一下你是如何得出这个结论的，这样可以在很大程度上减少你手下的怨气。

另外，如果是别人对你下了命令，那么你可以问问在哪个环节是灵活的，比如下一周的工作，虽然你不能决定生产什么或是遵守什么规范，但你可以决定如何工作。这样你可以为自己争得一点自由的空间。

咨询的方法

咨询是决策者做出最终决策之前最常用的方法，就是邀请别人对自己产生影响。我们可以假设你是一次沟通的最终决策者，也就是你们沟通到最后，需要由你来做出最后的决策，那么你可以咨询专家或有代表性的人群，当然如果是在沟通的当时，你可能还应咨询每一个在场参与沟通的人。

通过咨询，你可以有效获取信息和支持，同时由于你让每一位沟通者都充分发表自己的意见，所以这并不会破坏决策过程。

通常来说，一位聪明的领导者、父母，都经常会用这种方法进行决策，彼此之间收集信息、分析各种观点，然后做出选择。

但咨询的问题在于人们会认为如果你让他们说出他们的想法，他们就有权力决定，否则他们会觉得自己的权力受到了侵犯。所以你要让他们知道你是在咨询，而不是请他们拿主意。为此，千万不要假装咨询别人，如果你自己已经决定了，那么不要再咨询别人，然后再做决定。同时，你需要让被咨询的人知道，你现在需要他提供一些信息（而非决定），比如你可以说：

“里尔，我想下个月办一个小型的聚会，能不能提供给我几个合适的地方呢？我只看了最近的一家酒店，我想再多找几个比较的地方。”

“里尔，最近我们部门员工情绪有点低落，如果是你，你会怎么做呢？我很需要你的意见来参考一下。”

这样的说法，他们一般都知道你是在收集信息，而如果你说：“里尔，我想下个月办个聚会，你说去哪儿好呢？”或者“最近我们部门员工情绪低落，你说该怎么办呢？”那么，他一定会觉得他有必要帮你拿主意，而一旦你不采纳，他就会有很大的被轻视感。

当然，如果人家愿意为你提供一些信息，无论你是否采纳他们的建议，你都应该告诉他们你最后做了什么决定以及这样决定的原因。不要因为害怕伤害别人而将你的决策保密，这样做的后果很严重，因为他们很快就能从其他的谈话里得到答案，这会让他们有种被蒙蔽的羞辱感，那么以后你再也别想他们为你提供什么信息了。

投票的方法

当你们面临几个很好的选择时，投票绝对是节省时间的最好方法。此时，参与的成员都意识到自己可能无法得到第一选择，但是他们也不愿意浪费更多的时间来讨论这件事。比如，在麦尔的公司很多时候会采取这种方法，比如有一次，麦尔想给所有的部门经理放假，他想带着大家去度假，但是去哪里度假是个问题，于是他让每一位部门经理都写出三个自己特别想去的地方，然后他让秘书整理出出现概率最高的五个地方。接下来，他就运用了投票的方法，他在会上说：

“度假是希望大家都能很好地放松一下，我已经从你们的建议中选出了五个地方，为了公平起见，现在你们每人从这五个地点里选出一个，最终的票最多的那个地方就是我们即将要去度假的地方。”

显然，麦尔的这个方法既高效又不会引起各种不满，“少数服从多数”，这是绝大多数人固有的观念。所以，当你希望节省时间，并且显示公平时，这绝对是个好办法。

但从本质上来说，投票总是会产生胜利者和失败者，你要确保失败者能够接受，否则在决定产生之后你仍然需要相当长时间的斗争。比如，你们三口人对待能否让孩子吃糖的问题，你和爱人保持一致，所以你们胜出，但是下一次有糖吃的时候，孩子绝对不会因为上次投票而自动放弃吃糖，你还要再次进行商量，这样的投票没有任何意义，因为孩子不可能接受这样的结果。

另外，如果每个人都很在意结果，而又难以做出选择的时候，投票并不是好的方法，你要知道投票永远都无法代替耐心的分析和健康的交流，如果你下一步想说“算了，我看我们永远也无法统一意见，干脆投票吧”时，那你还是放弃这个方法吧。

统一的方法

统一的意思就是让所有参与的人都能得到满意的结果，否则在此之前需要一直讨论和沟通。这样做可以产生惊人的一致和高质量的决定，但同时也有一个不可避免的问题，就是造成巨大的时间浪费。比如你的孩子究竟要上哪所小学，这对于你的家庭来说绝对是一件大事，所以这件事必须征得家庭成员的一致同意，尤其是你的爱人和孩子；又比如你们决定全家出去旅游，你就必须得到全家每一个人的绝对支持，否则，你们的旅途绝对会出岔子，搞不好弄得不欢而散。

如果你遇到的是重要且复杂的事，或者是必须确保每个人都绝对支持的事，那么就一定要采用统一的方法。当然，为了达到最后的统一，你们要付出更多的时间来进行商量和讨论。

所以，尽管统一的方法能够皆大欢喜，但也不是所有的事情都适合用的。比如你不必把整个车间的人都召集来讨论工作区的颜色，或者对于你的孩子该接受哪种惩罚方式，也不需要完全征得孩子的同意。

现在你对这四种方法都已经了解了，但对于什么时间使用什么方法可能还有些糊涂，为此，当你面对着四种方法不知如何选择时，应该考虑以下这几个问题。

1. 谁在意？你要知道在你的沟通对象中，谁真正希望参与决策，谁会受到影响，这样的人将是参与者，而那些对事情并不关心的人则应该排除在决策者之外。

2. 谁能做到？你总会发现在这些需要沟通的人中，有些人具有必需的专业知识，你需要他们的帮助，所以这样的人一定要考虑，而那些不能提供有用信息的人则尽量不要包括。

3. 谁必须同意？那些对决定有权威或者影响力的人是你必须征得合作的人，让他们参与决策比让他们感到吃惊然后公然对你提出反对要好得多。

把你的想法变成行动

如果想让你的想法变成现实，那么你必须考虑这样几个问题：

1. **谁？**
2. **做什么？**
3. **什么时候做？**
4. **我如何掌握？**

现在你已经经过努力最终得出了某种结论，有些事情可能在谈话中就彻底解决了，但还有更多的事情需要有人去执行。所以，现在你要分配任务，否则你的沟通结果就毫无意义。

当然，你也可能经历过这样的事情，比如你和一位同事对工作进行了大量的讨论，最后你们得出一个非常一致的结果，你们认为下一步应该先把计划表做出来并打印，然后照着上面的计划一步一步实施。但是，一周过去后，你们依然停留在讨论时的状态，因为讨论过后你们仍旧和以前一样做自己的工作，并没有真正实施你们的想法，而你们的理由也出奇地一致——我不知道接下来具体要做什么。为了避免这样的失误，你要考虑这几个因素：

1. 谁？
2. 做什么？
3. 什么时候做？

4. 我如何掌握?

这样说你可能无法完全理解，那么我们来详细地解释一下。

谁?

你（实际上不只是你，而是大多数人）可能会有这样一种认识，就是觉得在与人说话的时候用“我们”比用“我”更显得亲切。这在某些情况下是对的，比如你和你的同事说“像我们这样的老百姓”就比“像我这样的老百姓”让人感觉更舒服。

但这个定律在分配任务的时候却成了绊脚石，你要记住这一点。比如现在，你和你的同事经过沟通，做出了一个决定，然后你说：

“我们一会儿先写一份报告，让经理看一下。”

这句话看起来并没有什么不妥，但“我们”一词在此产生的效果是“不是我”，也就是说，你的同事会感觉这件事并不是由他来做，而你自己的感觉也只有一半的责任。即便你说“我们”时并不是想要躲避这项任务，这种说法也会让人认为有人在替他们承担责任。

你应该知道“三个和尚没水喝”的说法吧，其实就是这样的道理。如果你不把某项任务分配给具体的某一个人，那么你们费尽周折、辛辛苦苦做出的决定就可能成为空谈。

这种情况尤其适用于家里。如果你们都不愿意做家务，那么一定要把每一项杂事都分配给具体的人，如果你只是说：“宝贝，一会儿你和爸爸把桌子收拾好。”那么结果一定是两个人都没有做，所以你要么分配给一个人，要么指派一个人负责。否则，责任感会在人们的相互推诿中消失得无影无踪。

做什么?

如果你现在回忆一下上学时候的场景，一定会有一个片段，就是你的老师在告诉你们“要有具体的目标”。老师是对的，你的期望越模糊，失望的可能性就会越大。当你一开始同意某项决定的时候，就一定要把你所要的细节讲清楚，尤其是夫妻之间常会在这里产生麻烦。

爱珍和丈夫已经结婚五年了，他们的房子也有五年没有变过样子了，所以爱珍和丈夫商量打算重新布置一下房子。丈夫很爽快地答应了，但随后爱珍需要出差一个月，于是任务落在了丈夫的头上。丈夫问爱珍喜欢什么样的，爱珍说要浪漫温馨的。

然后，丈夫按照他心目中的浪漫温馨来重新购置了家具和饰品。但是，爱珍回来后却很不满意，她不喜欢在墙上挂很多照片，也不喜欢那么多黄色和紫色。所以，她连续一周多的时间都在抱怨和牢骚。这让丈夫非常恼火，因为他感觉自己完全是按照浪漫和温馨来布置的，结果自己的辛苦却只换来了妻子的唠叨。

这样的事情并不只发生在家里，比如你对你的下属说“要加快进度”或者说“要好好工作”等要求，那么可以肯定地说，你的这些话不会起到任何作用。所以，你要能够更好地描述任务，你可以采用对比的方法。比如，过去你曾经看到别人对任务产生过某种误解，那么你就要将这个错误解释清楚，并让对方知道这是一个你不愿意看到的例子。如果有可能，你最好举一个实物的例子，而不是抽象地说，你可以拿出一个模型或样品，或者你可以拿出图纸，说明你到底想要什么，不想要什么，你的图纸越清楚，你的失望就会越小。

什么时候做?

我们很多人都习惯于把任务分配下去，然后说“要尽快完成”，但令人吃惊的是，虽然你重点说了“要尽快”，但这种模糊的或者没有说清楚截止日期的任务常常被放在最不重要的位置，甚至会被忘掉。

你现在可以想一想以前是不是也有过这种经历，你的上司对你说“你必须早点把你的部门的考勤表交上来”。考勤表实际上你只需要几分钟就可以打印好，然后拿到领导的办公室。但是你回到座位后，又开始了其他的工作，把这件事放到了一边。半天过后，你的大脑突然闪现了一下有关考勤表的事，这让你觉得你还有事情没有完成，但是你还是不肯动手马上打印，就这样几分钟就可以完成的考勤表你可能会拖上三四天。

这并完全怪你的懒惰，而是你的上司并没有给你明确的时间指示，如果他当时说“十分钟之内把考勤表给我拿过来”，那么你一定会在回到办公室以后首先打印考勤表，然后送过去。可惜的是，你的上司没有这样说。

所以，你也得知道，没有时间限制的任务除了给人增加负罪感和沉重感之外，并不会刺激人们的行动。

我如何掌握?

如果你希望你们的沟通结果也就是你们所最后做出的决策能够被有效执行的话，那么你要能够掌握或者跟进这个执行的过程，否则执行的过程还会出现很多你意想不到的岔子。

你可以仅仅通过E-mail确认一下任务完成得怎样，或者也可以在团队或家庭会议上进行报告，当然最常见的是，在你们的决策进展的过程中随时检查项目的完成情况。

为了使决策从一开始就能够有效执行，你最好是在分配任务的时候就建立好跟进方式，比如你可以对孩子说“做完作业之后给我打电话”，或者你可以跟你的伙伴说“明天中午我的报表会做完，然后你需要把你的报表也做好，我一起交上去”，当然你还可以对你的下属说“你做完项目的研究部分要立刻告诉我，但最晚不能超过八月底。当然，如果你能够提前完成的话，也一定要及时告诉我。”

总之，如果你想让别人有责任感，就要给他们负责任的机会，而在每个项目中建立一个你跟进的时间以及你在这个时间的期望值是非常有效的方法。

好了，现在你已经了解到了将观点转换成行动的方法了，如果你照做了，那么接下来就可以等待决策被实施的喜悦。如果你没有这样做，那么接下来你将要面临的恐怕是照着做，同时你也会收获气愤、失望等负面情绪。

第十章 改变你的生活

一鸣惊人的面试法则

考官问："请问《资本论》第二章第二页第三句话是什么？"

求职者回答："如果您不介意的话，请问今天参加面试的第五个面试者穿了什么样的衣服，您记得吗？"

你也一定记得你参加面试时的场景吧，考官们总是会有点"无理取闹"似的问你一些刁难的或是毫无意义的问题。他们会让你"谈谈自己，随便谈，什么都行"，听到这样的问题，你的心里是不是在说："真是扯淡，我的简历里不是写得清清楚楚了吗？"如果你真的这么想，那么你这次面试很可能不会成功，因为你的肢体语言，比如你的眼神会将你的不耐之色流露得淋漓尽致，考官会感觉自己不被尊重，而你的结局就是马上被列入不能录用的名单里。

实际上，这对于你来说是一个绝好的自我推销的机会，但这并不是强迫中奖式的推销，而是引人入胜的技巧。如果你在面试之前有过对这个问题的准备，那么你一定能够彻底认识自己，比如：我最大的长处是什么？我的特色在哪里？我过去做得最好的事情有哪些？我具备什么样的专业技术和知识？如果你真的能够将你的闪光点都借这个机会表现出来，那么你成功的概率将非常大。

但有时候自信的表达并不那么容易，因为考官会故意将你置于下风，他们会问你一些让你感到为难的问题，比如他们会问你："你了解我们公司吗？"如果你对此一无所知，那么你的自信会瞬间崩溃，因为你知道对应聘单位越是了解你就会越受欢迎，但是自己没有准备。现在怎么办？——"死马当活马医"！

这是一种情绪控制法，如果你慌了阵脚，那么接下来所有的问题你都将作不出完美的回答。所以你需要做的是实事求是地说："很抱歉，我不知道。"那么接下来会发生什么？考官不会让你就这样下台的，他们会抓住机会继续刁难你，你会听到他们以轻蔑的口气对你说："你不了解我们公司，怎么知道自己有资格来这里工作？"现在才是你翻身的时候，你的回答不能再处于下风，你可以如吴士宏当年在IBM面试时的回答，她当时反问考官："您没有用过我，怎么知道我没有资格？"当然，你可以有你自己的回答方式，但此时你一定要是自信的，你的回答最好是惊人的。但这个法则你必须谨慎，不要让人觉得你咄咄逼人，因为安全的沟通氛围才是让面试继续下去的根本，一旦你制造了紧张的气氛，那么你的面试离成功又远了一步。

总之，在面试场上，你的语言表达标志着你的成熟程度和综合素养，所以你需要注意几个谈话的技巧，才能让你的胜算更大。

语言流利，文雅大方

你在说话的时候要口齿清晰，发音准确，同时你需要控制说话的速度，太快或是太慢都会给你减分。当然，为了增添语言的魅力，你可以采用适当的修辞，但千万不要用口头禅，更不能有不文明的语言。

注意自己的声音

这一点在"发出正确的信息"一章已经说过，在这里同样也适用。比如打招呼问候时应该用上语调，加重语气并稍微带点拖音，这样可以引起对方的注意；但你在自我介绍时，则最好用平缓的陈述句，如果你使用了感叹句，那么考官会认为你太骄傲；而你的声音，如果太大会显得张狂，如果太小则显得懦弱，你只要保证考官能够听清你说话就好了。

语言有魅力

面试说话时除了要语言清晰之外，还要让自己的语言显得有魅力，比如幽默，假如你的考官对你说："哇，你的肤色是现在很流行的小麦色啊。"他这样说有两种可能，一是他真的很羡慕小麦色的肤色，二是他觉得你的皮肤太黑。那么你说什么呢？笨的回答是："是的，现在的确流行小麦色了。"或者你还可能说："我的确是挺黑的。"但比较幽默的答法是："所以，我上学时学校的各种演出，包公的角色都是我一个人承包的。"幽默的语言常常可以帮助你化解危机。

注意考官的反应

面试也是一场沟通，所以你在发出信息的同时也要注意对方的反应。比如考官如果表现得心不在焉，那么说明他可能对你说的话没有兴趣，你得想办法转移话题；如果考官对你侧耳倾听，先不要高兴得太早，可能是因为你的音量过小，他难以听清楚；如果考官有皱眉、摆头等动作，那么你可能说错了什么话。总之，你得学会根据考官的反应来调整自己说话的内容、语气、音量等，这样才能取得好的效果。

除了说话，你的肢体语言也很重要，如同前面讲到的，很多不经意的动作都会透露你内心的想法或者你的品质。比如当你需要挪动椅子时不要发出刺耳的声音，你的眼睛不要直逼对方的视线，你的手和脚不要随意晃动等。

破解同事间的沟通秘诀

据一项可靠的调查显示：在所有离职者当中，有将近一半的人是因为在办公室里的人际沟通有问题，他们因此感到压抑，并无法正常发挥自己的能力，以致不得不选择离开……

当然，不是每个人都会因此而选择离开，也不是每个人都会因此而影响自己的工作，但不可否认的是，这会让人的心情很糟糕，而且很多人都遭遇过。

现在来整理一下你脑袋里的记忆，肯定能够找到自己或是身边的人因为与同事沟通失败而遭遇挫折的例子。所以，海德格尔说："语言是人类的栖居之地，做个会说话的人。"但请不要误解，他说的"会说话"绝不是那种善于讨价还价，或总是能在争论中胡搅蛮缠的人，而是那些善于用语言打动人心，使整个说话的主动权都掌握在自己手里的人。

但实际上没有多少人能够将话语权总是掌握在自己手里，因为我们总是会不自觉地犯一些错误，尤其是同事间的交流、沟通，不同于家居、生活中与妻子儿女、兄弟姐妹间所使用的语言那样轻松随意。即使这样，你也不要气馁，如果你能够掌握一些诀窍，一样可以在与同事沟通时如鱼得水。

一般来说，同事间的沟通分为三种类型，即：和势（同事间不存在利益冲突的谈话）、攻势（达到一定目的的谈话）和守势（对方想通过谈话取利于己方）。怎么样？这样说你是不是感觉清晰了一些呢？你只要把握好这三个方面的沟通技巧就能游刃有余了。

和势语言

就是在你和同事之间没有利益冲突时的谈话，既然你们没有任何利益冲突，那么你的情绪首先不要带给对方。关于这一点，大多数人都能够了解，你也一定看到过身边的人在其他地方受了委屈，或是当他感觉自己劳累、辛苦时，不由自主地把情绪转移到别人身上。甚至你自己也可能有过这样的情况，比如你在公司里受了领导的批评，结果回到家里，爱人说你太懒惰不爱收拾屋子时，你就连同在公司受的委屈一并爆发了，你可能这样说：

“我在单位工作了一天，受尽了委屈，现在回到家里，我还要看你的脸色！我这样辛苦，你了解吗？我像驴一样劳累，为的是我吗？”

这样激烈的爆发式的语言的确表达了你心里的想法，但你的爱人会觉得不爱听，然后你们争吵起来。但是，这不要紧，因为当你冷静下来对爱人说明缘由后，他（她）绝对不会因此对你怀恨在心，他（她）会原谅你甚至心疼你。

现在来假设一下：你把火发到一位和你毫无利益关系的同事的头上，你觉得他会怎么样呢？会不会像你的爱人一样毫不介意甚至还心疼你呢？如果你足够幸运，碰到了一位宽宏大量的同事，他也许不会和你计较；但如果你不幸遇到了一位和你一样正不痛快或者一位脾气急躁的家伙，那么你们免不了一场唇枪舌剑。所以，在与同事谈话时，不管你有多么烦、多么累，情绪有么不好，也要把对方作为一个重要人物来看待，而不是一味地说“我”。

还有就是当你拒绝别人时，也不要如同和家里人讲话一样。比如，一位平时与你关系并不很密切的同事对你说：“我最近日子不太好过，妻子下岗了，还有两个正在上学的小孩……”然后，提出一些事情请你帮忙，但不巧的是你认为这个忙不便帮或者帮不了，那么你可不能像你对孩子说“那是你自己的事，我可不管”那样生硬地推托或拒绝。你首先得富有同情心地询问并倾听对方的想法，然后和对方共同分析问题，让他知道，你的确了解他的处境，然后再做出明白且适当的解释，让他知道你不能帮他的理由。接下来，你要直截了当地说“不”，不要含糊其辞或拐弯抹角，因为让同事去揣测你的真实用意，对他来说是件不快的事情。当然，在最后你最好帮助他畅想一下美好的未来，比如你可以这样说：

“我真的为你妻子的遭遇感到难过，但也许这是一个全新的开始，你正好可以让她趁这个机会干一份全新的事业，人有时候只有被逼无奈才能成大器的。所以，你不如今天晚上就和你妻子好好谈谈，看她下一步想干点儿什么。”

你如果能够这样说，不仅会让同事心头一松，豁然开朗，更重要的是，能冲淡被你拒绝的尴尬和不快。

最后，当你和你的同事之间并没有什么事情发生，你们只是相安无事地闲聊时，你要学会说好话，哪怕仅仅是一句简短的评价，比如：

“你看上去特别有精神。”

“这个发型很适合你。”

“你的孩子可真争气。”

“你总是让我感觉很亲切。”

……

攻势语言

“仁者见仁，智者见智”是句永远都颠扑不破的真理。在工作中，虽然你和你的同事总的愿望和动机都是一致的——都是为了把工作做好，但你们的思想观念、为人处世、对人或事的看法总会有所不同，而这些差异都可能成为你与同事发生争论甚至争吵的导火索。

如果你不得不与同事进行一场言辞交锋，那么以下这些攻势语言的技巧对你来说是极为有益的。

1. 晓之以理、动之以情。感情攻势在同事间的交流中常常具有决定性的作用，而那些居高临下的眼神、尖酸刻薄的口气、嘲讽侮辱的言辞，虽然貌似来势汹汹，却只反映了说话人毫无修养。这时就算你百分之百有理，也绝对争不回哪怕一点点的心悦诚服。相反，还可能引起在场的其他同事的反感。

2. 如果你已经避免了上述1中的错误，那么你们的沟通就是一种平和的思想沟通和交流，这时你还要注意抑扬有节，不要急于求成。比如通过先抑后扬，先肯定优点，再谈出现的问题的说话顺序，就有助于减少对方同事的抵触与反感，使其感受到你的善意，气氛和谐就易于冷静地接受你的建议了。

而如果对方并不买账，而是滔滔不绝地说出他的若干理由，甚至多有冒犯之时，你也要保持冷静。所谓“不打不相识”，有时候，正是在这种貌似攻势的激烈争执中才使得你们达到了心灵的沟通和思想的交流，这比起“距离产生美”要好很多。所以，在任何情况下，创造与保持友善信任的说话氛围都会易于交流思想，达成一致。

守势语言

有攻势就会有守势，这时别人想要说服你，或者他们对你进行挑剔与非议，那么当你听到那些令你委屈不已、愤愤不平，甚至怒从中来的言论时，要怎么办呢？是采用更为激烈的言语来反攻，还是采取防御战术？

如果你是冲动型的性格，那么你很可能会走上反守为攻的路子，但这不是明智的选择。因为在这个时候谁是谁非可不是三言两语就能说清的，你若是逞一时口舌之快，伤了和气，接下来的事情会比想象得难办得多。所以，会说话的人不会在这个时候硬碰硬地争论，而是会采用一种既简单又有效的方法——幽默。事实上，有调查显示，在现实生活中，有一半以上的语言危机都可以用幽默的方式来化解。

你一定也听说过有关英国著名作家萧伯纳的一则轶事吧。有一次，萧伯纳路遇一个商人，凑巧的是萧伯纳很瘦，商人很胖。于是，商人嘲笑他说：“一看到你，我就知道世界正在闹饥荒。”

我们来看这句话，这明显是这位商人在挑衅，他首先向萧伯纳发起了进攻。那么，萧伯纳是怎么做的呢？他当然不会随便从嘴里蹦出一些恶毒的言语来攻击对方，因为那会显得他自己也很没有水平。这位著名的语言大师平静地说了一句：

“我看到你，就知道世界闹饥荒的原因。”

对于萧伯纳这样的守势语言，没有人会不佩服。他并没有采用什么激烈的言辞表示愤怒，也没有沉默不语表示胆怯，而是用了一句幽默的语言来与之抗衡，简直是妙极了。所以，在你处于同样境地的时候，可以试着用幽默的语句，或幽默的戏剧性行为，效果远比长篇大论的反驳和纠正来得更有效。

以上是与同事交流沟通时的三种语言状态，但我们还是可以归结为一条——同事间的交流与沟通，头脑要多绕几个弯，切忌妄自尊大，出语伤人。

与下属的沟通技巧

有人说："聪明的人不是会干活的人，而是会让别人干活的人。"这句话未必人人认同，如果你是一位领导，一定对这句话深有感触……

如果你是一位领导，在言语上一定得下点功夫，虽然不一定要成为优秀的演说家，但至少你要向着这个方向努力。

你大概听说过玫琳凯的故事吧。当时，玫琳凯女士自己用的全都是公司生产的产品，当然她也不建议自己的员工使用其他品牌的化妆品。连自己都不用自己公司的产品，拿什么来说服别人呢？

但是，"萝卜白菜，各有所爱"，玫琳凯女士又是如何同那些使用其他品牌化妆品的员工沟通这一想法的呢？如果你以为她会对员工大发雷霆，或是开个会对所有员工提出要求的话，那就大错特错了。因为玫琳凯女士根本就没有使用这种让人感到压抑和强迫的口吻，她只是抓住了某个合适的机会来说这件事。

有一次，她发现一位销售经理正在使用其他公司的唇膏，便借机走到那位经理身旁，微笑着说：

"哦，上帝，你在干吗？不会是在公司里使用其他公司的产品吧？"

说这些话的时候，玫琳凯女士的脸上始终洋溢着微笑，她轻松的口吻并没有让那位经理感到多么不舒服，但她已经感觉到不好意思了。

其实，这就够了，那位经理以后绝对不会在公司使用其他公司的产品了。但是，玫琳凯女士在随后的几天又将这位经理叫到自己的办公室，并拿出一套公司的唇膏，对她说：

“如果在使用的过程中觉得有什么不适，欢迎你及时告诉我，先谢谢你了。”

如果你是这位经理，那么你绝对不会再使用其他公司的产品了。当然，那位经理以后再没用过其他公司的产品。不仅如此，玫琳凯女士还让公司所有的员工都得到了一整套最适合她们的公司产品。

所以，作为领导，聪明的人不是自己会干活，而是能够让别人干活。为此，下面这几项本事你要加强。

漂亮话

“我是领导，不管我说什么、怎么说，你都必须听我的！”

如果你有这样的想法，那么会遇到很多意想不到的困难，比如当你分配一项任务时，比尔会说：“对不起，杰森（你的领导）交代我的事情还需要一点时间。”而雷瑟会说：“真是不好意思，我手头还有一些紧急的事情需要处理，大概得过两天才能开始这项新任务。”而普娜的回答则更令你头痛，她说：“哦，我敬爱的领导，我已经答应我儿子这周要带他出去旅游，而且我已经请好了假，你不希望你的手下是不讲信用的人吧？”

面对这样的回答，你会怎么办呢？你不敢得罪你的上司，也无法让别人停下更重要的事情，对于决意要休息的员工，你也无可奈何。可是，你也不愿意你运筹帷幄制订的工作方案变成没有现实意义的海市蜃楼，你必须将自己的工作传达到下属那里，并让他们付诸实施，如何使他们令行禁止呢？——发挥你的高效沟通技巧吧。

假设你的话能够以帮助解决问题和创造成绩的方式出现，那么将会是最受欢迎的方式。对于大多数人来说，他们希望领导能够帮助他们提供方法、解决难题，而不是不懂装懂的蹩脚传令官。举例来说，你是一个研发部经理，现在接受了公司总部的研发任务，但是有些人却觉得你在为部门找麻烦，所以你得不动声色地说说这事：

“我们研发部是整个公司平均年龄最低的部门，也就是说我们是最有创造力的群体，是最追求进步的人。但是，我昨天碰到达林，他苦恼地对我说，他这些年虽然勤勤恳恳地工作，但一直没有什么科研成果，现在马上要退休了，可到底没有什么可以让他骄傲的。所以，我特意向上面申请了一项科研任务……”

话说到这里，大家的欲望已经被激发起来了，至少“惹麻烦”的想法在你属下的脑海里已经烟消云散了。

或者你也可以使用激将法或者造势攻心，比如同样是个研发项目，现在假设你的职位升高了，是一家公司的技术总监，你需要把这个项目交给研发部的经理，但是研发部经理并不打算接受这个任务，他有一大堆看似合理的理由。这时，你可以使用激将法这样说：

“好了，你的这些理由都很好。但是，我想说说我的想法：我一直认为你是一个有抱负的年轻人，而且在以前的工作中我确实看到了，可是你知道吗，最近我听到了一些关于你的负面消息，说你是一个见困难就躲、有任务就推的人。我可不想你是这样的人，你呢？”

或者你还可以造势，那么你应该这样说：

“最近公司按照新制度已经让几位一直没有成绩的经理另谋出路了，你应该知道吧？你有能力，所以我希望你能够在这个开发案上给大家证明看看，否则研发部如果一直没有新的成绩，我想你的位子也不太好坐。”

还要会鼓励

如果你不仅是一名领导，同时或者曾经也是一名下属，那么你应该对下属的心理有所体会。的确，谁都不想做平庸之辈。你得有两手准备，既要有奖励，又要有措施。

那么，你要怎样鼓励下属呢？给予他们足够的经济奖励，他们固然会很高兴。但下属不是动物，他们还有更高层次的需求，也就是精神需求。为此，如果你能够时常说些激励他们奋进的言语，或许比奖励他们一台电脑更管用。对于这一点，或许你会有些不赞同，你或许会说："几句空话会比实实在在的物质奖励更有用？"没错，有时候的确是这样。

所以，当你的下属正在进行一项任务时，如果你说："嗯，干得不错，再接再厉，等任务完成我请大家吃大餐！"或者你亲切地拍拍下属的肩膀，或者与他们在工作时合个影，对下属来说都是莫大的鼓励。

回绝或否定

里杰正在办公室看报表，这时一名负责公司运输的人员闯了进来，对里杰说：

"对不起，我想该给我涨工资了，我已经在这个岗位干了三年了，而且从没有出过什么岔子。"

事实上，这个人的工作的确不错，而且在去年已经给他加了薪。那么，如果你是里杰，你会怎么说呢？如果你说"不，不能给你涨工资，绝对不能"，那么你完蛋了，这位下属会记住你一辈子的，不是因为你太好，而是因为你太冷酷无情了。那么，我们看看里杰是怎么做的，里杰说：

"是的，你的工作一直不错，的确应该涨工资了，但是……"

对于"但是"这个词，你应该知道，它的意思是"停止这种想法吧"！然后里杰推开桌子上的文件，指着玻璃板下的一张表格说：

"很不凑巧，根据公司的职务工资制度，你的工资已经是这一档中最高的了。"

然后，这名职员泄气地说："哦，我忘了我的工资级别了。"同时，他的心里也在说："我怎么可能推翻这张公司制度表呢？"实际上，这也正是里杰要说的话。

所以，制度有时候能够帮上你的忙。如果你没有制度作后盾，那么当你想要回绝或者否定你的下属时就一定要有拿得出手的理由。比如里杰在否定一项策划案时就很注重这一点，这个策划案是关于公司的某个新产品的包装的，当时公司文案策划部设计了一套方案。但是，里杰看过后立刻否定了这个方案。

就在大家惊讶并失望之时，里杰解释道：

“这个商标图案看上去的确很美，江南水乡的柔媚跃然眼底，从艺术的角度来讲，的确不错。但是，我们的产品是销往全国各地的，北方人未必对这种格调感兴趣。我们想要它吸引大多数人的眼光，而不仅仅是一部分人。按照公司的销售计划，我们这一产品是要进军全国各地的，所以不能顾此失彼！”

像里杰这样的回绝或是否定，如果你是他的下属相信也不会有什么怨气吧。所以，制度和理由是你回绝或否定下属的法宝。但是，如果你没有制度作后台，也没有合适的理由，你需要做的就只有一件事——问问自己为什么不听从他们的呢。

关于批评

有时候虽然你已经忍了又忍，但你的下属仍旧不知悔改，或者你已经给了他们足够的交代，但他们还是把事情搞得一团糟。那么，你是继续和颜悦色地做个“慈善专家”，还是要对你的下属批评几句呢？

选择后者吧，因为你如果总是和蔼可亲，那就相当于在纵容他们犯错。作为领导，有时候斥责是必要的。

如果想要批评就一定要让对方知道“他真的生气了，还是小心点好”，比如你可以强调言辞的内容来加深对方的印象，只要是稍有常识或是自尊心的人，都能感觉到你的提醒，并且迅速认识到事情的严重性。比如当你的秘书把一份重要文件拿错了时，你可以说：

“这份文件直接关系到这个项目的成败，而这个项目是今天公司最重要的项目……”

或许你不需要再多说，你的秘书已经认识到了自己犯了多大的错误了。当然，你在语气上可以加重些，否则这不是批评而是聊天。比如你可以通过重音的不同来显示你不同程度的批评。

但是，当你批评完之后别忘了适当安慰，要让挨了批评正沮丧万分的属下有个重新冲刺的勇气。而且你还得知道“人无完人”这个道理，也就是说，你的下属也一定会犯一些错误，你不能对他所有的错误都大加斥责，比如：

当他第一次迟到；

当他不小心弄丢了一份重要文件；

当他向客户提供了不太准确的信息；

当他不得已违反了某项规则；

……

对于这些事情，你应该以一颗包容的心去采取相应的措施，只有当他一而再再而三地犯错时，你再表示愤怒。

另外，你还要知道下属也是有自尊的，这是每个人的正常心理。如果你能够将批评放在私下里进行，那么他一定会对你感激涕零。相反，如果你当着众人的面让他难堪，他要么拍桌子走人，要么会对你怀恨在心，而这两种情况都会让你陷入尴尬之中。

清楚地表达

现在来回想一下发生在你和你的领导之间的一些事，你大概会想到某次或是某几次你的工作失误是由于他根本就没有说清楚要求造成的吧。或者你一直都是领导，但你总做过学生吧，或是你的父母，他们有时候发出一道指令让你去完成，但指令本身并不明确。比如你的母亲曾经对你说：“哦，宝贝，去把屋子收拾一下。”听到这个指令，你用了三分钟把被子叠好了，然后洋洋得意地说“妈妈，我收拾完了”，可是结果呢？你没有受到表扬，却挨了一顿批评，母亲的理由是：

“只叠了被子就算收拾吗？地上的玩具怎么不放好？还有，你的臭袜子怎么不放到洗衣机里……”

你当时是不是感觉很无辜呢？如果你能够回想到当时自己是多么的委屈，那么现在作为领导你，有必要想想自己在传达命令时是否说清楚到位了。当你向你的属下下达了一道指令后，他们多半会以“嗯”“好的”“知道了”“是”等词语来回应，但是请你千万不要太信任从员工那里得到的这种简短的回答，如果你听到“嗯”“好的”“知道了”“是”等之后就觉得他们已经完全理解了你说的话，那到时候你会十分震惊地发现，你的话有一大部分都被“曲解”了。

接下来即将上演的就是你们之间的矛盾——你感觉很失望，而你的下属却认为自己在忠实地遵循你的指示行事。如何避免这种误解呢？这就要求你不仅要思考自己打算说什么，还要考虑到你的下属会如何获得和理解你所说的话，甚至你还要想到他们会做出什么样的反应。一个最简单的方法，你在和你的下属说话时，可以使用这份心理检查表进行自我检查：

1. 我要说什么？
2. 这个信息要告诉谁？哪些人会受到影响？
3. 我拥有可靠的事实吗？
4. 怎样最好地表述信息，使他们理解？
5. 他们能够立即获得信息吗？我需要重复吗？
6. 他们会有什么样的反应？他们会有不同意见吗？
7. 我是否需要当场示范？如果需要，我需要做哪些准备？由谁来示范？
8. 接受指示的人需要练习吗？需要多长时间？

如果你能够有效利用这一心理检查表，那么一定会使你们之间的沟通顺畅得多并且减少误会，不要嫌麻烦，这是你分内的事。

另外，当你在传达你的指令时要全面、细致、坦率，更要允许提问，要聆听不同的意见，认真思考来自下属的任何有意义的修改意见。

对于你传达指令的地点也有讲究，如果你只是在路上碰到某个下属并“顺便”告诉他一些什么，他一定不会太在意，因为在他的眼里这个指令可有可无。所以，如果是新的指示、程序的变化、需要解决的问题或者是对下属的批评，你最好选在你的办公室里；而如果是和他们进行某项数据或资料的讨论，或者是对他进行表扬，那么，你到他的工作地点是个很好的办法。

总之，你在与下属沟通时要想尽各种办法才能保证你们之间有一个顺畅、愉快、清楚的沟通。

紧紧抓住你的客户

卡耐基说："我喜欢吃草莓，鱼喜欢吃蚯蚓，所以，垂钓的时候，我不以草莓而以蚯蚓为鱼饵。"这句话听起来简直像废话，可是，你真的理解吗？

如果你是一位总要与客户打交道的人，一定听说过原一平的很多事例，他的确是销售行业的奇迹。或许你觉得自己也不错，因为你也从来没有和客户闹过不愉快。但是，有一点你没有办法否认，你到底还是流失了不少客户。如果流失的这一部分客户也成了你的合作客户，那么你是不是就更风光了呢？

那么现在，且先不要说自己怎么样，让我们与大师对照一下，看看差距到底有多大吧。以下是创下世界销售员最高纪录，20年未被打破的日本推销之王原一平的28条销售领悟。

1. 销售成功的同时，要使这位客户成为你的朋友；
2. 任何准客户都有其一攻就垮的弱点；
3. 对于积极奋斗的人而言，天下没有不可以的事；
4. 越是难缠的客户，他的购买力也就越强；
5. 当你找不到路的时候，为什么不去开辟一条；
6. 应该使准客户感到，认识你是非常荣幸的；
7. 要不断认识新朋友，这是成功的基石；

8. 成功者不但怀抱希望，而且拥有明确的目标；
9. 只有不断找寻机会的人，才会及时把握机会；
10. 不要躲避你所厌恶的人；
11. 忘掉失败，不过要牢记从失败中得到的教训；
12. 过分的谨慎不能成大业；
13. 世事多变化，准客户的情况也是一样；
14. 推销的成败，与事前准备用的功夫成正比；
15. 光明的未来就是从今天开始；
16. 失败其实就是迈向成功所应缴的学费；
17. 若要收入加倍，就得有加倍的准客户；
18. 在没完全气馁之前，不能算失败；
19. 好的开始就是成功的一半；
20. 空洞的言论只会显示出说话者的轻浅而已；
21. 错过的机会是不会再来的；
22. 只要你说的话有益于别人，你将到处受欢迎；
23. “好运”光顾努力不懈的人；
24. 储藏知识是一项最好的投资；
25. 若要纠正自己的缺点，先要知道自己的缺点在哪里；
26. 昨晚多几分钟准备，今天少几小时的麻烦；
27. 未曾失败过的人，恐怕也未曾成功过；
28. 若要成功，除了努力和坚持之外，还要加点机遇。

现在你有什么感觉呢？自己和大师之间的距离有多大呢？如果很接近，那真是要恭喜你。如果有很大差距，也不要紧，大师也是从低处开始的，只要你现在开始好好研究与客户的沟通技巧，那么牢牢抓住你的客户绝不是什么难事。那么，我们就从亚瑟的陌生客户开始吧！

亚瑟是一名建筑软件销售人员，他在一次产品推介会上与好几位建筑商进行了短暂交流，并索要了对方的名片。毫无疑问，这些人都是亚瑟的潜在客户。接下来，亚瑟需要做的事就是打电话给这些潜在客户，发展进一步的关系。但是，你也知道，没有什么比突然给新客户打电话更让人恼火和气馁的事了。他们总是没好气地拒绝你，甚至还说些不中听的话。尽管如此，你的冷不防的电话是必要的也是必需的。因为你不能指望别人第一次见面就买你的东西，为了增加成功概率，你必须推进会谈，而不是结束销售。所以，亚瑟告诉自己：我必须打电话给他们，尽管我感觉有些发愁。

亚瑟首先给自己设计了一个开场白：

“下午好，杰瑞卡（丽莎，亚瑟那一天给两位客户打了电话）小姐，我是托卡软件公司的亚瑟。我们上次在华乐大厦的推介会上见过面，今天我给您打电话，是想向您再次介绍一下我们的产品，因为据我的了解，您的公司非常适合使用我们的软件。那么，杰瑞卡小姐，能给我几分钟的时间吗？”

这个时候往往是你感觉最紧张的时候吧，因为接下来对方要说什么你永远无法预料。但总的说来，那种还没等你说完就对你甩出一堆难听话的人毕竟是少数，多数人只是告诉你他们需要或是不需要。但不幸的是，这两个人都说不需要亚瑟的软件。比如杰瑞卡说：“对不起，我没有兴趣，我们现在已经在使用同样功能的软件了。”而丽莎说：“抱歉，亚瑟，眼下我们可能没有这方面的资金预算，而且你的软件价格太高了。”

很明显，亚瑟被拒绝了。不要灰心，我们看看亚瑟接下来是怎么做的。他对杰瑞卡说：

“杰瑞卡小姐，你知道吗，我已经打了六个电话，他们说的话简直和您一模一样，但是当他们对我们的产品有了详细的了解后，有五位都改变了主意。所以，我们能不能见面谈一谈呢？星期四上午，行吗？”

你觉得没什么了不起吧，但是亚瑟把购买软件转移到了杰瑞卡有没有时间的问题上了。所以，接下来，杰瑞卡的话给了亚瑟非常大的空隙，她说：

“对不起，亚瑟，星期四上午很忙。”

然后，亚瑟表示出了自己的同情，他对杰瑞卡说：

“哦，那您真是辛苦了，通常来说，经过前三天的忙碌，周四的任务都不太重，看来您的确是公司里的重要人物。”

此时杰瑞卡感到自己仿佛遇到了知音，竟然倒起了苦水，她向亚瑟抱怨说：“大人物倒不是，但总是有很多事情需要我来做，每天都很忙碌。”

“是吗？我真是太理解您的感受了。所以，您真的有必要了解一下我们的产品，它可以大大提高工作效率，这样您就可以轻松多了。那么，周四下午两点怎么样？我只需要十几分钟就好。”

“那好吧。”

到这里，亚瑟已经成功了一半，因为他获得了与杰瑞卡见面的机会，如果亚瑟的产品质量上乘，而且在见面时表现得体，那么杰瑞卡一定会动心的。现在我们再来看看亚瑟跟丽莎后面又说了些什么。当丽莎说她们没有这个预算而且说他们的价格太高时，亚瑟说：

“丽莎小姐，如果是成本的问题，您完全不用担心，我们可以解决。比如和你们同一条街上的迪考公司最初也是这样。但是，当我们坐下来进行一番商谈后，问题很好地解决了。那么星期四上午，我们见个面怎么样？”

亚瑟还是有点避重就轻，他的意思是说软件的价格可以商量，但是他没有触碰“公司没有预算”这个难题，因为一般来说，一名职员是没有办法改变公司预算的，所以他只说一个简单的问题。

但是这一次并没有奏效，丽莎接下来说：

“非常抱歉，我对你的产品真的没有兴趣，而且我们与目前的供货商合作得非常好。”

根据亚瑟的经验，丽莎这一关他是没有办法过去的，所以他不再浪费时间，而且也为了避免让丽莎恼火，于是他说：

“那么，真是很遗憾，丽莎小姐，希望下次您有这方面需要的时候能够想起我，再见，祝您愉快。”

好了，现在亚瑟需要做的不是思考如何再给丽莎打个电话，而是需要准备与杰瑞卡见面的事情。

首先，亚瑟在星期四上午将所有相关资料全部备齐，他可不希望当杰瑞卡希望他留下一份资料的时候说“对不起，我没带”。要知道，万一在对方想要看看你的资料，或者你需要利用一些图纸等来说明问题而你偏偏没有时，那是多么糟糕的事情，那样或许会因此而丢掉一位重要的客户。当然，亚瑟把这些资料都整理得井井有条，以免在单独拿出某一份时手忙脚乱。

此外，亚瑟又上网查询了杰瑞卡所在的公司的相关背景和资料，虽然在推介会上，亚瑟对杰瑞卡的公司有了一点了解，但是现在他需要更清楚地知道一些事情，这是为了能够将自己的产品的各种功能对号入座，也就是帮助他更好地说明自己的产品适合杰瑞卡的公司。不仅如此，亚瑟也对杰瑞卡公司的同行都作了一番整理，找到它们与杰瑞卡公司的共同点和不同点，以便于让杰瑞卡知道她更应该使用亚瑟的软件。同时，亚瑟搜集这些资料也会使他们之间的话题更多一些，因为在与客户见面的时候，冷场可不是好现象。

接下来亚瑟要和杰瑞卡见面了。亚瑟看过路程，他大概需要乘40分钟的公交车才能到达杰瑞卡的公司。于是在上午12点半的时候亚瑟吃完了中午饭，但是他并没有马上去找杰瑞卡，而是对自己装扮了一番。实际上，早晨出门时，亚瑟就换上了一套休闲西装，这样让他看起来既不呆板又不邋遢。现在他正对着镜子整理自己的头发，并查看脸上和衣服上是否有污点。一切整理妥当，亚瑟拿上资料包开始出发。

现在的时间是12点50分，5分钟后他到达车站，5分钟后他坐上了车。经过38分钟，车子停在了距离杰瑞卡公司大楼约100米的地方。亚瑟用了七八分钟的时间来到杰瑞卡公司的门外，但是现在距离他们约定的两点钟还有十几分钟的时间，于是亚瑟在他们公司的门口站了一会儿，而不是直接进去，他想利用几分钟来仔细观察一下这家公司。他发现，这里的每个人都显得十分忙碌，但是大家的表情都很自在，由此他判断杰瑞卡的办公气氛可能比较活跃，他在与杰瑞卡说话的时候不能太过严肃。这期间，他还见到杰瑞卡抱着一叠资料急匆匆地走进一间办公室。

距离两点钟还差三分钟，亚瑟给杰瑞卡打了个电话，说：

“杰瑞卡小姐，我是托卡软件公司的亚瑟，我现在就在你公司的门外，您现在有时间吗？”

于是，杰瑞卡与亚瑟在一间小接待室里见了面，他们谈得非常愉快。因为亚瑟早有准备，他不仅详细对比了与杰瑞卡公司业务相近的其他公司使用自己的软件的情况，同时也更加有针对性地指出杰瑞卡公司为何更适合使用他们的产品。当然，这样融洽的气氛，是由于亚瑟之前了解到了很多杰瑞卡公司的情况，比如当亚瑟说：“杰瑞卡小姐，我发现你们公司的装修风格非常简洁，那么你们做起事来也一定很讲究效率吧？”非常明显的，这句话说到了杰瑞卡的心眼里，她虽然在那天和亚瑟抱怨事情太多，但是她最自豪的就是自己做事的效率，所以在这个话题上他们聊了好几分钟。而当亚瑟说“我刚才看见你拿着一大堆的资料走进了一间办公室，所以就等了一会儿”时，杰瑞卡皱了皱眉说，那可是她昨天熬夜到凌晨才弄完的资料，现在正困得要命。

听到这里，亚瑟马上掏出一盒包装精美的黑巧克力递给杰瑞卡，说这个可以帮她提提神。杰瑞卡当然很高兴，并说在下一周的产品会上，她一定会向大家推荐亚瑟的产品。

……

好了，我们就说到这里，你也看到了，亚瑟很成功，他把他的客户抓得牢牢的，无论是从产品的角度，还是从他们那些看似无关紧要的谈话中，他总能挑起杰瑞卡的兴趣。当然，杰瑞卡的公司最后未必会真的使用亚瑟的产品，但至少亚瑟和杰瑞卡算是半个熟人，如果下次亚瑟再有新产品推销，杰瑞卡绝对不会冷冰冰地拒绝他。这对于亚瑟来说就算是成功了，因为他有无限次将自己的产品介绍给杰瑞卡的机会。

那么，现在来想想自己，当你在面对你的客户时做了哪些工作呢？

活在爱中的秘密

当初，拿破仑三世爱上尤琴的时候是那样的自豪，他曾经在一篇皇家文告中说："我已经选上了一位我敬爱的女人。我从没有遇见过这样迷人的女人。"他还说即使全国人民反对，他也绝不后悔。这的确是一桩浪漫的婚姻，他们拥有健康、财富、势力、名声、美丽、爱情和敬仰。然而这婚姻的"圣火"犹如昙花一现，很快成为灰烬……

婚姻的确是奇怪的感情产物，在没有走进婚姻的时候，总觉得彼此的关系还不够亲近。可是，一旦各自手中都有了一纸证书，彼此间的关系更加牢固的时候，各种问题多了起来。

想一想，你有没有过这样的经历呢？当初你和她彼此相爱，她手上多了一把雨伞，你都心疼得不得了；婚后，她在厨房做菜，满头大汗，一边炒菜，孩子还在一边拖着她的大腿，可是你却在沙发上跷着二郎腿看电视。婚前，你感觉女友的声音如同银铃般悦耳动听；婚后，你觉得她像个话痨，整天在你的耳边"念咒"。

也或者，对于女人来说，在恋爱时，他送给你一枚小小的胸花，你都爱得不得了；婚后，他把工资卡都给你，你却说"就这么点啊"。婚前，他不爱讲话，你觉得他是个深沉、智慧、稳重的男人；而婚后你却嫌他笨嘴拙舌。

你也觉得这种变化很奇怪吧，实际上这并不是什么深奥得难以理解的难题，只要你想一想牙齿为什么只会咬到嘴唇，却不会咬到耳朵就明白了。没错，答案就是这么简单——因为耳朵离牙齿远，而嘴唇离牙齿近。

人的关系也是这样，亲近到某一个地步，就会发生冲突。因为与你们两人相关的事情太多了，也就是说你们需要共同面对的事情太多了，只要当你们的意见发生分歧时就可能孕育着一场冲突或一场争吵。比如，你和你的配偶去买菜，一个走得快，一个走得慢；比如你们教育孩子，一个人严厉，一个人宽松；比如晚上，一个人想说说话，一个人却想睡觉……

你看，现在你该明白为什么你和你的爱人之间有那么多不愉快了吧。但你现在懊恼的是，这些都是生活中无时无刻不在上演的剧情，你似乎逃不掉争论、争吵的悲剧了。别灰心，事情总会有解决的办法。当你和你的爱人之间发生冲突的时候，看看下面这几个沟通方式哪个与你们最接近。

进攻式

如果你现在正左手叉腰，右脚伸出来，并且右手指向对方，用凶狠恶毒的眼光看着你的配偶，那么，毫无疑问，你正在采用进攻式，你想要先下手为强，用攻击别人来保护自己。这绝对是一种失败的方式，如果你不能理解这是为什么，有一个简单的方法——走到镜子前面，摆好这种姿势，看看自己有多么狰狞。然后，你就可以理解当你采用这种方式的时候你的爱人是一种什么感受了。

当然，还有另一种情况，就是你的爱人正在使用这种方式对付你。怎么办呢？千万不要以其人之道还治其人之身，你需要让自己想起这样一句话——人在受到伤害的时候，就容易用进攻别人的方式来保护自己。然后，回想一下自己是不是什么地方伤害他（她）了呢。

讨好型

讨好型的标准姿势是左膝跪下来，右手高高伸上去，左手捧着心，低下头，再向上看。当然，我们不可能在生活中采用这种戏剧化的姿势。我们最常采用的方法是说“对不起”。

斯科特·佩克认为，人有两种极端：一种是绝对不认错，所有事情都通通归结为别人的错误；一种是张嘴就认错，只要碰到张力，不问青红皂白，脱口而出“对不起”“我错了”。第一种实际上就是上面所说的进攻型，这种类型通常都不会受到欢迎。反倒是讨好型，有时候可以将事态平息。

但如果你在面对冲突时始终采用讨好型的方式，虽然事态得到了控制，可你的心里面却受伤了。

被迫的一方到最后总是要反弹的。在你们的家庭里也是一样，如果你总是那个要讨好对方的人，你的心里也一定会有抱怨。或许你认为为了家庭的和谐，自己做出一些牺牲是应该的，或者是值得的，但这样做其实是给以后埋下了不定时炸弹，迟早会爆发的。或者在你的家庭里，你的配偶总是使用讨好型的方式来化解冲突，而你则认为自己占了很大的便宜，因为自己总是胜利的一方。但实际上未必，他（她）也可能在向你说“对不起”的同时，在心里对你翻了一个白眼，甚至吐了一口口水。总之，这并不是一种好方法。

冻结型

这是很多家庭中非常常见的一种处理问题的方式，典型的表现就是两人相互僵持，如同陌生人一样，不再提刚才的冲突，但两个人的心里都还牢牢地记着。这种方式看起来平静，但实际上就像是平静的海面下孕育着更大的波涛一样。

你可以回想你和配偶之间是不是有过这样的经历，比如在距离新年还有三天的时候，你说要去你的妈妈那里，而他（她）说要去他（她）的妈妈那里，然后你们争吵了一番，但你们最终并没有达成一致，只是你不去他（她）妈妈那里，他（她）也不去你妈妈那里。于是你们谁都不说话，而且你们不再提这件事，彼此之间就如同对方不存在一样，各自忙碌自己的事情，没有任何交流，直到新年那一天，你们还是没有找到解决办法，所以你们只好气鼓鼓地在自己的小家过了个非常不痛快的新年。

当然，随着时间的推移，你们之间的这种局面会慢慢打开，毕竟你们是夫妻，总会有许多共同的事情要做，比如家里的水管漏了，你们便不得不一起想办法来解决。然后你们可能借着这个机会开始恢复了交谈，但你们还是没有再提新年的那件事，因为新年已经过去了，你们之间也似乎恢复了昔日的温情与和谐。但可以肯定地说——这是假象。不信，等下一次新年，你们还会遇到相同的问题，而且今年的战争还会被再次拿出来，这会让你们的下一次争吵更加激烈。

小丑型

你应该记得那些滑稽的小丑演员，他们总是有办法让你忍俊不禁，你觉得他们简直就像开心果一样，你甚至在脑袋里闪过一个念头：要是和小丑生活在一起一定是最快乐的。

但是你愿意做这个小丑吗？只要一碰到正式的问题或者只要一遇到冲突，你就要马上开一个玩笑，避重就轻，不去谈真正的冲突，而是不断闪躲。你是不是觉得自己有点像是装疯卖傻呢？毫无疑问，这会让你很不舒服，即使你用这样的方法使问题得到了暂时的解决。当然，如果是你的配偶采用这种方法来避免一场有用的争论，你也会感觉他（她）是在逃避问题吧，那么你的心里也一定不怎么好受。

实际上，上面的这四种处理冲突的模式都是不健康的，可能每一对夫妻所扮演的角色不同，但都是在不同程度进行自我保护。也就是说，在上面这四种处理冲突的模式当中，每一种方式后面都有一个受伤的小孩。为什么要叉着腰与人横眉冷对？因为害怕被伤害（或者已经受到伤害所以害怕再次受到伤害），所以先发制人。为什么要讨好？因为害怕被伤害，不得不“卑躬屈膝”。为什么会学习小丑？因为害怕受到伤害，所以要用滑稽的方式把关键问题抛开。就连冻结型的背后也都藏着一个受伤的小孩，他们同样是因为害怕被伤害，所以才使用不愿提及（实际上是不敢提及）冲突的方法来逃避问题，他们宁愿不停地工作、做家务，或看电视、逛街等一切自己可以掌控得了的事情，但这总比受到别人的攻击和伤害要好。

好了，现在你了解了你的配偶为什么会采取这样的方式来对付你了，他们只是一个害怕受到伤害的小孩而已，你应该更加疼惜对方才是。要知道，虽然我们已经是成人了，但我们的内心里面仍然至少有两个部分：一个是成人的部分，这部分让你能够办事情、能够赚钱、能够操持家务；还有一个要分男女，如果是男人，那么他的心里还会有父亲的部分，当这一部分发挥作用的时候，他会心疼对方里面的那个小女孩；如果是女人，那么心里会有母亲的部分，这一部分会心疼对方里面的那个小男孩。如果你们都能够看到对方身上的那个小男孩或是小女孩，那么，女人的母性就会出来，男人的父性也会出来，你会想抱抱对方、安慰对方。当然，问题就好解决了。

但问题是，我们如何才能够做到这一点呢？让我们来学习第五种处理冲突的方式。

真诚型

由于上面所说的四种类型的冲突模式都是基于“自我保护”之上，所以两个人都有意或者无意地隐藏了自己的真实想法。而真诚型的处理模式则要求你不仅能够清楚地了解自己的思想和感受，并且能够以恰当的方式不卑不亢地表达出来。同时，真诚型的人还能够仔细倾听，了解对方的思想和感受。

春天到来了，万物复苏，土地返潮。拉米尔坐在窗前想象着当她种的满院鲜花都开放时该是多么的美妙。于是，她立刻跑到丈夫身边，说了她的想法。但是，她并没有得到丈夫的支持，因为丈夫的想法是要在院子里种菜。

现在，我们来看看拉米尔和她的丈夫是如何使用真诚型的方式来处理冲突的。

我们不得不说他们是运用真诚型冲突解决法的高手，首先拉米尔和丈夫都觉察到了表面立场，其中包括自己的和对方的——拉米尔想种花，丈夫想种菜。这一点做起来最简单，但也最容易被忽略掉，而很多争吵实际上都是夫妻双方只看到了自己的表面立场，而忘记了别人也具有创建自己立场的权利。

非常幸运的是，拉米尔看到了这一点。当她将丈夫的需求和自己的需求放在平等的位置之后，并没有由于遭到拒绝而抱怨或者生气，她需要做的是探索丈夫深层的需求，了解丈夫表面立场下必须被满足的深层需求。于是，她问丈夫为什么想要种菜，丈夫的回答是，这样他们就可以吃到纯天然的绿色食品，而不必提心吊胆地去超市购买那些污染严重的蔬菜。

“但是，亲爱的，我们完全可以买到无公害的绿色食品。我想，你一定还有其他什么想法，也许不只是这个原因。”

拉米尔反驳了丈夫的观点，但是她仍旧给丈夫继续说出心理感受的机会。接下来丈夫说出了更深层次的原因，他说：

“没错，我们的确可以买到。但是我不敢保证那些真的是绿色蔬菜。有时候我在吃饭的时候心里会想：是不是吃进去了农药？是不是吃到了化肥？亲爱的，这很影响我的食欲，让我感觉很不舒服。你知道吗？我小的时候生长在农村，家里面所有的蔬菜只要去掉泥巴就可以放心地食用，而且那种看着绿色生命成长的感觉，收获成果的喜悦真是太让我怀念了。”

现在拉米尔听到了丈夫心里的想法，但是，这并没有让拉米尔打消自己的念头，她依然觉得满园鲜花是美妙无比的感受。现在她要告诉丈夫她自己的想法，她说：

“我的确没有想到你对种菜有着这么深的情感。可是，亲爱的，我非常希望我们有个整洁的院子。我在12岁的时候搬到了一个杂乱无比的弄堂里，那里到处是人们随处堆放的杂物，墙壁上黑黢黢的粘着各种东西。那时候，我只要一出家门就得小心翼翼，生怕弄脏了自己的漂亮衣服。从那个时候我就发誓，等我有了自己的院子，我一定要把它弄得漂漂亮亮的。”

通过这样持续、真诚的对话，拉米尔和丈夫都了解到了彼此内心深处的愿望。于是，他们开始试着寻求让彼此都能够得到满足的方法。当然，正如你所预料的，最好的办法就是一部分用来种菜，一部分用来种花。但是这样的话，拉米尔又觉得院子不够整齐美观。于是，他们打算让拉米尔的花都按照单排来种，并且将它们种成各种拉米尔想要的形状。而在各种形状的中间则由丈夫来种菜。

这可真是奇妙的想法！但是你要注意的是，用真诚型的方式来解决冲突并非最后一定要找到满足双方的办法，而是要你们利用这个方法更多地了解对方，多多发挥自己的母性或是父性，这样你们就不会走入前面的四种冲突类型里面。

如果你按照这样的方式来处理冲突，那么你们将永远活在爱里。不过现在还不要忘乎所以，即便你们是活在爱里，还需要你们不断地来维护这个融洽的氛围，也就是说即使你们没有什么冲突，也要懂得一些夫妻之间最基本的沟通方法。

1．多说好话。没有人不爱听好话，如果你能够在适当的时候夸夸他（她），那么他（她）会给你少制造很多麻烦。

2. 相互尊重。虽然你们是夫妻，但仍然是独立的个体，所以你得学会和你的丈夫或是妻子商量一些共同的事情，不要独自做主两个人的事情。同时，对于你的丈夫或是妻子的个人的事情，你没有决定权，只有建议权，这一点你必须明确。

3. 适当的距离感。这可不是要让你们变得陌生，而是说你们不要太拿对方当自己人。比如，你不要把自己的一切都交付于对方，你要有自己的空间；又比如，当他（她）帮你拿了一杯水要记得说“谢谢”，你可能会说这样显得太生分，但这样的距离感可以让你们的心更亲近。

4. 明白说出你的需求。不要试图让对方来猜测你的心意，就像你不要妄自揣度对方的想法一样。因为你会发现，这根本就是徒劳。比如有位女士想要一枚戒指，她没有直接告诉丈夫，而是把手伸到他面前晃一晃说：“你不觉得我的手太空了吗？”丈夫点点头。第二天妻子收到了一份礼物，很可惜，不是戒指，而是手套！

当你们在解决冲突时能够运用真诚型的方式，而在平静的生活中能够注意上面几点的话，那么你将真的永远活在爱里。

这样说孩子才肯听

孩子："妈妈，这儿好热。"

妈妈："这儿很冷，孩子，快穿上外套。"

孩子："不，我热。"

妈妈："我说过了穿上外套！"

孩子："不，我热。"

如果你是一位妈妈或者爸爸，那么不用费什么力气就能够回想出一大堆你对孩子大声吼叫的镜头，你是不是常常会对他们叫嚷：

"洗手去。"

"用纸巾擦。"

"小点声。"

"把衣服挂起来。"

"作业写了吗？"

"你怎么还不刷牙？"

"过来，把马桶冲了。"

"穿上睡衣，上床睡觉。"

"快点把玩具收拾好。"

……

不用问，绝对不止这些。但是，在你声嘶力竭地暴躁之后，孩子到底有没有按照你的意愿去做呢？没有，他们不会因为你“发怒”就放弃自己的念头。而且，多数时候，你们的对话最终都演变成了争吵，他们甚至把你看成他们的“敌人”。

现在，让我们花几分钟时间来想一想，在一天当中，哪些是你坚持让孩子去做，或者你坚决不让他们去做的事情。不管你列出了多少，也不管你的愿望是不是得到了实现，这里面的每一项都代表你曾经为此而耗费了不少的时间、精力和耐性。

那么，无可救药了吗？当然不会，任何糟糕的事情都可能出现转机，你和你的孩子之间也一样。让我们一起来分享几个非常有帮助的技巧，但你需要明白一点：不是每一个技巧都适用于每一个孩子，这些技巧也不是每次都能奏效。但是，这些技巧可以帮助你和孩子建立起一个良好的沟通方式，而良好的沟通是一切美好事物的开始。

鼓励孩子与我们配合

所有的父母都希望自己的孩子能够配合自己的想法，希望自己的话孩子都能够百分之百地执行。但遗憾的是，孩子们并不这样想，他们总是有各种理由和借口，有时甚至是公然对抗。比如艾米就曾经和他五岁的儿子鲍勃起了一次冲突，事情是这样的：

鲍勃用一块湿抹布擦完自己的小汽车后，顺手把它扔在了自己的床上。艾米看到后，对鲍勃说：

“鲍勃，你在干什么呢？睡在一张湿床上你会感冒的。”

鲍勃没有理会妈妈，继续着自己的各种活动，玩汽车、拼插各种图形。看到鲍勃把自己的话当作耳旁风，艾米很生气，她再次对鲍勃大喊：

“你难道没听见我说话吗？你怎么把湿抹布扔在床上了？你想生病吗？”

令艾米气愤的是，鲍勃还是自顾自地玩耍。接着，一场真正的争斗来临了——

“鲍勃，你想挨揍吗？”

“你为什么要揍我？”

“我要你把湿抹布从床上拿下来，你为什么不听？”

“你没有说让我拿下来！”

“我不是说睡在湿床上会生病吗？”

“但你没有说让我拿下来。”

“简直气死我了，那么你说我刚才说了什么？”

“你说睡在湿床上会生病，问我是不是想生病。但是，我不害怕生病，我能够战胜所有的病毒和细菌。”

……

这的确让人发疯，但如果你正在扮演着和艾米一样的“发疯又无助”的角色，千万别怪罪你的孩子。他是对的，因为他的不合作是有原因的。

“什么？难道我错了吗？”你会像艾米一样忍不住这样问吧？实际上，多数家长都会犯和艾米一样的错误。但你的确错了。现在再来看看艾米说了什么，她说了那么多话，而且已经表达了希望鲍勃把湿抹布拿下来的意思（事实上，鲍勃早就听出来了），但她说话的口气可不怎么样，所以鲍勃才反抗的。那么，你该怎么说呢？

你只要描述你所看到的，或者描述问题本身就可以了。比如：“鲍勃，你的床上有一块又湿又脏的抹布”，然后你需要提示：“湿抹布会把你的新床单弄得脏乎乎、湿乎乎的”，你不需要用太多的词语，只要让他听到关键词——湿毛巾，然后说出你的感受——我不希望我刚刚洗干净的床单变得又湿又脏。

如果你是按照这个模式来说，那么孩子一般会主动把抹布拿走。当然，不能排除对有些孩子来说这种方法并不奏效。那么你可以换一种方式——写便条，在放抹布的地方写上“请把我放回原处晾干”，同样，你可以在孩子的小床上写上“我在等着你”，在他的牙刷旁写上“快来看看我”……

总之，如果想让孩子配合你，你需要施展的不是你的手段有多厉害，而是你的话语究竟能不能吸引孩子的注意力。

那些屡教不改的孩子

现在，我们来说说孩子屡教不改的问题。任何家长都会碰到这样的事情：你说每天睡前要刷牙，但他总是有各种借口逃脱；你们说好每天只看半个小时的动画片，但是你一转身他又把电视打开了。现在还有一位家长也遇到了这样的麻烦，她上三年级的儿子总是不能按时回家，他总是找各种各样的理由，也不遵守诺言。比如，有一次孩子回来晚了，他说：

“妈妈，我知道应该5:30回家，但我们玩得太高兴了，等我想起来看时间的时候已经5:40了。我马上不玩了，我是用最快的速度跑回家的。”

听到孩子这样说，这位妈妈是这样说的：

“我早就听够你的借口了！我不会再相信你了。从明天开始，每天放学就回家，不能出去。回你自己的房间吧，晚饭已经没了。”

那么，你会做出怎样的反应呢？孩子跑到家的时候满头大汗，看来他真的是跑回来的，你会不会心疼孩子说：

“哦，你都跑得出汗了。我给你拿块毛巾擦擦，向我保证别再迟到了。过来洗洗手，晚饭要凉了……”

不管你是哪一种说法，效果都不会好，他下一次绝对会继续晚回家。因为当孩子听到家长的第一种反应时，他会想：她真坏，我要报复她。而当他听到第二种反应时，他会想：没关系，尽管玩，她不会把我怎么样的。

所以你要学习的是第三种方式，你应该说：

“虽然你的确尽力往家赶，但我还是不高兴。我不想再看到你那么急急忙忙的。我希望你说好5:30到家就能做到。另外，我们已经吃过晚饭了，厨房也没剩什么吃的了，你要愿意就自己做点什么吃吧。”

这种反应“刚刚好”，你既不用惩罚，又表明了自己的坚定立场。孩子会想：妈妈真生气了，下次我最好按时回家。她那么相信我，我也不能让她失望……而且我可不想自己做晚饭。

如果你足够幸运，孩子能很快改掉这些毛病，但也有不少孩子在一段时间之后“重蹈覆辙”。现在，情况会变得比先前复杂。所以，你需要更为复杂的方法来解决这个问题：首先你需要和孩子讨论一下他的感受和需求，然后说出你的感受和需求。接着，你们可以进行讨论，找到你们都能接受的解决方法。为此，你有必要把所有的想法都写下来（不带任何评论），然后挑出哪些建议你们接受，哪些不接受，哪些要付诸行动。

实际上，让孩子一起参与得出的结果，孩子往往更愿意遵守，因为他会感觉自己受到了尊重，而且这种做法会更增加他的责任感。

关于赞赏

你有没有发现，有时候你越是大肆表达你对孩子的赞扬，孩子就越是不领情，甚至更加地拒绝呢？比如，你搂着孩子说“宝贝，你真聪明”时，他可能会推开你，跑到一边去玩了。

为什么会这样呢？因为你的这句表扬并没有在他的心里发挥任何效用。换句话说，在听到你的赞扬后，孩子自己并没有感觉到自己多么聪明或是多么好。你可能会感到奇怪，自己已经这么明确地赞赏孩子了，他为什么听不明白呢？说孩子没听明白也许并不是十分准确，实际上孩子知道你在赞赏他，但是他并不知道这是为什么。那么，想一想你以前“知其然不知其所以然”的时候是什么感受吧。所以，如果你想赞赏或表扬你的孩子，你得学会以描述你所看到的和你的感受来代替空洞的评论。

比如当你的孩子收拾了自己的房间时，你想借此机会鼓励孩子，希望他以后也能收拾屋子，那么可以说：

“宝贝，今天你收拾了自己的房间，真是不错！”

这还不够，因为孩子可能会想：我没那么好，我把一些玩具藏在了床底下。

所以现在你需要继续鼓励：

“你知道吗？我一走进屋子就觉得和以前不一样了，东西都整齐地放到了架子上，那些小球也都装进了盒子里，还有地上散乱的积木也被收起来了。”

这些都是你看到的，同时你还要表达你的感受：

“收拾完的屋子真让人感觉舒服！”

此时，你的孩子会想：只要我认真，就可以把屋子收拾好。他现在忘记了把部分玩具随便藏在床下的问题，而是一心想着自己可以做得很好。

不管怎么说，在家里得到赞赏的孩子，比起那些得不到赞赏的孩子，他们的自我感觉会更好，更乐于接受生活的挑战，也更愿意为自己设立较高的目标。

懒惰的小孩

你可能也知道，培养孩子的独立个性有多么重要，因为只有这样，当他们离开我们的时候，才能自己独当一面。至于如何培养孩子的独立性格，你也非常清楚，就是——让他们自己做自己的事情，让他们亲自体会各种问题带来的挣扎，让他们在自己的错误中不断成长。

但这件事可真是“说起来容易做起来难”。你一定还记得孩子刚学习系鞋带时，看到他艰难的样子，你耐心地等了三分钟后，终于忍不住蹲下来帮他系上了；如果你听到孩子说他和朋友吵架，就忍不住马上给他建议……那时，你一定在想：帮孩子系鞋带，告诉他怎么处理一些冲突，应该不会让他懒惰吧，孩子毕竟还小，怎么可能什么事情都自己做呢？

不用再说了，问题就在这里。你越是不肯放手，孩子就越是依赖。事实上，孩子的各种能力比我们想象的要强得多，很多你认为他们根本不可能完成的事情他们都可以做得很好。

但你现在或许正苦于找不到办法让孩子的依赖感降到最少。幸运的是，鼓励孩子自立的机会每天都有，比如：

1. 让孩子自己做选择。比如早晨你可以问他：“今天穿灰裤子还是红裤子？”

2. 尊重孩子的努力。当孩子费了很大劲还是没能打开瓶子时，你要说：“这个瓶子的确不容易打开，有时候用勺子撬开一边可能会有用。”你不要说：“来吧，我来帮你。”

3. 不问太多问题。当孩子从外面回到家中，你只要说“回来了”就好，不用太多询问“今天吃了什么”“干了什么”等。

4. 多询问他们的想法。当孩子问你为什么月亮会发光时，不要急着说出答案，你可以试着让孩子表达自己的想法：“这真是个有趣的问题，那么你认为是为什么呢？”

5. 鼓励孩子善用外部资源。要让孩子知道，你不是唯一能够帮助他的人，比如当孩子问你一个字如何读时，你可以让他问问老师；当他不知道水族箱里的鱼是否要喂食时，你可以鼓励他问问水族店老板。

6. 不要放弃希望。当孩子失败时，不要总是抱在怀里安慰，好像事情已经结束了一样，你需要鼓励孩子接着尝试，比如当他打算将十块积木全部摞起来失败时，你可以说：“如果你愿意试试两排一起摞，一定是个不错的经历。”

总的来说，你如果想要和孩子沟通顺畅，首先要放弃家长的身份，你需要和他站在平等的位置，多听听他的想法才好。